**De la peinture du temps
dans les *Essais* de Montaigne**

Université de Lausanne
Faculté des lettres
Section de français

Été 2008

De la peinture du temps dans les *Essais* de Montaigne

Mémoire de licence

Sous la direction de Frédéric Tinguely

Présenté par Albert Ahmeti

© 2014, Albert Ahmeti

Illustration
Peinture à l'huile, « Face au temps », 2003, par Albert Ahmeti

Éditeur
BoD-Books on Demand
12/14 rond point des Champs Élysées
75008 Paris, France

Impression
BoD-Books on Demand
Norderstedt, Allemagne

ISBN : 978-2-322-01123-0

Dépôt légal : décembre 2014

L'auteur

Albert Ahmeti naît en 1979 à Monthey dans le canton du Valais, en Suisse. Il accomplit toute sa scolarité obligatoire à St-Maurice, poursuit sa formation gymnasiale au Lycée-Collège de l'Abbaye de St-Maurice pour ensuite étudier la littérature française, la philosophie et l'histoire & esthétique du cinéma à la Faculté des lettres de l'Université de Lausanne. Après l'obtention de sa licence universitaire, il entreprend trois années d'études à la Haute École Pédagogique du Valais afin de pouvoir enseigner dans les écoles du Secondaire I et II. Marié à Ardiana et père de trois enfants, Aaron, Aliona et Léonard, il exerce son métier d'enseignant au Collège de la Tuilerie à St-Maurice. Albert Ahmeti est binational, kosovar et suisse.

À mon frère bien-aimé
Léonard Ahmeti
1986-2006

De l'Éternité,
Tu m'as donné la force de continuer.

Introduction
Étape initiale
I. Subjectivité et réversibilité du temps
  1. Le temps suspendu
  2. Le temps en va-et-vient ou le va-et-vient du temps
     2.1. Proposition
     2.2. Le temps prospectif
     2.3. Le temps rétrospectif
     2.4. La promenade dans le temps
  3. Vers une mise en doute du temps
Étape seconde
II. Approche sceptique du temps
  1. Résurgences pyrrhoniennes
     1.1. Au sujet du temps
     1.2. Au sujet du présent
  2. L'être
     2.1. Le présent en tant qu'être
     2.2. L'inconstance humaine et le présent insaisissable
     2.3. Une inconstance sceptique
  3. Le passage
     3.1. La peinture du passage
     3.2. Le temps double
     3.3. La peinture du « pas sage »
  4. Le temps mouvant
Étape ultime
III. Saisie de l'instant
  1. L'instant humain
     1.1. Le temps de l'expérience
     1.2. Le temps de tous les temps
  2. La saisie du temps
  3. La peinture du temps
Conclusion
Bibliographie

Introduction

Des philosophes antiques aux penseurs contemporains, en passant par saint Augustin, Husserl, Bergson, Kant ou Heidegger, pour ne citer que quelques noms, l'expérience temporelle n'a eu de cesse d'engager l'intellect humain dans le sinueux chemin de la résolution conceptuelle de l'énigme du temps. Le temps, « nous le comprenons bien quand nous en parlons ; nous le comprenons aussi, en entendant autrui en parler »[1], dirons-nous de manière augustinienne; mais dès qu'il s'agit de le définir, la pensée se heurte inévitablement à des obstacles infranchissables[2]. Effectivement, bien que ses effets (le changement, la variation, la croissance, le vieillissement...) se manifestent de façon visible et

---

[1] Saint AUGUSTIN, *Les Confessions*, Paris : Gallimard, 1998, p. 1041 (livre XI).
[2] Saint Augustin a très bien exprimé cette impasse intellectuelle dans le livre XI des ses *Confessions* : « Qu'est-ce que le temps ? Si personne ne me le demande, je le sais. Si quelqu'un pose la question et que je veuille l'expliquer, je ne sais plus » (*Idem*).

s'offrent à nous en tant que clés d'une définition, nous ne parvenons pas à définir le temps de manière univoque : « aucune définition de la notion correspondante n'a reçu jusqu'ici, chez les savants comme chez les philosophes, une approbation unanime »[3].

Dans la présente étude, c'est sur l'approche montaignienne du temps dans les *Essais* que va se focaliser notre attention. Les *Essais* de Michel de Montaigne sont certes avant tout une « peinture » de soi telle qu'annoncée par l'essayiste lui-même dans son avis « Au Lecteur »[4], mais s'inscrivent néanmoins dans une

---

[3] Hervé BARREAU, *Dictionnaire de la philosophie*, Encyclopaedia Universalis, Paris : Albin Michel, 2000, p. 1840 (article « Temps »).
[4] « [...] c'est moi que je peins. [...] je suis moi-même la matière de mon livre [...] », Michel de MONTAIGNE, *Les Essais*, éd. J. Céard, Paris : Le Livre de Poche, « La Pochothèque », 2001, p. 53 (« Au lecteur »). Pour le présent travail, nous nous référons à cette édition qui suit la première édition posthume des *Essais* (1595) et qui délaisse « la sacro-sainte distinction des couches A, B et C » (Isabelle PANTIN, « Note sur l'édition », *Ibid.*, p. XXVIII) renvoyant respectivement aux éditions de 1580, 1588 et à celle de 1588 augmentée des adjonctions manuscrites faites par l'auteur jusqu'à sa mort ; « le discours de Montaigne s'y déroule en continu, seulement interrompu par le passage d'un chapitre à l'autre et, à l'intérieur de chaque chapitre, par les citations poétiques, imprimées en italiques et un peu décalées par rapport à la marge » (*Ibid.*, p. XXVI).

pensée du temps qui se précise au fil des chapitres. Rien de surprenant à cela si l'on considère qu'à cette époque la vie humaine est perçue, plus que jamais, dans toute sa fragilité[5]. Les guerres de Religion qui jalonnent la vie de Montaigne ne sont certainement pas sans lien avec la naissance de ce sentiment accru d'une mort toute proche. Contrairement à l'homme du Moyen Âge qui « se sentait […] essentiellement un être qui dure »[6], le chrétien du 16ème siècle « sentait […] le caractère précaire et fugitif de chaque moment vécu »[7]. Cette perception temporelle qui, aux dires de Georges Poulet dans ses *Etudes sur le temps humain*, « est l'angoisse essentielle de l'homme, – de l'homme dans le temps – […] »[8], n'est de fait pas étrangère à la relation qu'entretient Montaigne avec le temps. Outre les conflits sanglants qui déchirent les Français, le décès de son ami Etienne de La Boétie en 1563 puis celui de son père, Pierre Eyquem, en 1568,

---

[5] Voir Georges POULET, *Etudes sur le temps humain I*, Paris : Plon et Editions Du Rocher, 1952, pp. 11-17.
[6] *Ibid.*, p. 6.
[7] *Ibid.*, p. 14.
[8] *Idem.*

sans parler de son propre « évanouissement »[9], en 1569, sont sans doute des épreuves qui ont d'autant plus éveillé la conscience de Montaigne face à la fugacité du temps et face à la proximité de la mort. Ses *Essais*, qui commencent à prendre forme vers 1572 pour s'achever en même temps que sa vie, en 1592, reflètent continuellement, et ce durant les deux décennies de leur écriture, cette angoisse ou tout du moins ce sentiment très prononcé de la brièveté du temps de vie.

L'auteur invite d'emblée son lectorat à le comprendre en ce sens :

> C'est ici un livre de bonne foi, Lecteur. [...] Je l'ai voué à la commodité particulière de mes parents et amis : à ce que m'ayant perdu (ce qu'ils ont à faire bientôt) ils y puissent retrouver aucuns traits de mes conditions et humeurs, et que par ce moyen ils nourrissent plus entière et plus vive, la connaissance qu'ils ont eu de moi[10].

---

[9] « De l'Exercitation », *op. cit.*, p. 594 (II, 6). Dans ce chapitre, Montaigne revient sur son accident de cheval qui le fit tenir « plus de deux grosses heures [...] pour trépassé » (*Ibid.*, p. 595).
[10] « Au Lecteur », *op. cit.*, p. 53.

Montaigne désigne les destinataires particuliers de son livre et révèle la finalité de l'écriture de celui-ci, finalité qu'il lie étroitement à sa mort. Montaigne se projette ainsi « dès l'entrée »[11] dans sa propre mort et ancre l'utilité de son ouvrage dans un temps où il ne sera plus. Ce temps, Montaigne en précise la venue dans sa courte mais néanmoins importante parenthèse : « (ce qu'ils ont à faire bientôt) ». L'indication temporelle adverbiale « bientôt », bien qu'elle ne donne pas une indication de temps très précise, reste assez significative pour nous faire comprendre que l'auteur, au moment d'écrire ces lignes, voit son instant dernier approcher à grands pas. L'utilisation des temps verbaux tend également à mettre en évidence ce phénomène de projection : « m'ayant perdu » et « la connaissance qu'ils ont eu de moi » projettent Montaigne vers ce temps où il aura disparu. Seule la parenthèse vient dans cette phrase ancrer Montaigne dans son présent et rappeler en quelque sorte qu'il n'est pas encore décédé, quand bien même cela ne

---

[11] *Idem.*

saurait tarder. La phrase aurait donc eu un tout autre sens sans cette parenthèse.

La fin de l'avertissement « Au Lecteur » prend également toute son importance :

> Adieu donc. De Montaigne, ce 12. de Juin. 1580[12].

En effet, la date[13] nous indique que cet avant-propos a été rédigé plusieurs années après le début de la composition des *Essais*. Âgé de quarante-sept ans, Montaigne s'est « envieilli »[14] de près de dix ans depuis sa retraite dans sa « librairie » et a atteint un âge avancé au vu de l'espérance de vie d'alors[15]. Nous savons aussi qu'à ce

---

[12] *Idem*.

[13] Au sujet de cette datation, notre édition de travail renvoie à une note de bas de page que nous nous permettons de reproduire ici : « L'édition de 1580 avait daté cet avis de "ce premier de Mars. 1580", Montaigne étant né un 28 février ; celle de 1588 y avait substitué "ce 12. Juin. 1588", date de sa publication. L'EB [l'édition de Bordeaux] rétablit la date initiale. L'édition de 1595 ne reproduit qu'incomplètement ce changement » (*Idem*).

[14] « De la ressemblance des enfants aux pères », *op. cit.*, p. 1181 (II, 37), (« Je me suis envieilli […] »).

[15] « […] au 16ème siècle, on vieillit vite ou on meurt tôt […] » (Yvonne BELLENGER, « Le thème de la vieillesse dans le livre III

moment-là il doit surmonter les douleurs de la gravelle dont il a senti les premières atteintes deux ans plus tôt et qui jadis a emporté son père[16]. Montaigne a visiblement hérité de la maladie de Pierre. La vieillesse et la « colique » accentuent ainsi encore plus cette menace mortelle de tous les instants ressentie par l'auteur. Celle-ci est par ailleurs décelable dès les premiers essais (rédigés avant l'avis « Au Lecteur »). Cet avis confirme en somme la lucidité constante de Montaigne face au temps qui vient à lui manquer.

Le livre I des *Essais* traduit explicitement ce sentiment. Dans un des premiers chapitres que Montaigne ait composés, nous pouvons lire :

> Dernièrement que je me retirai chez moi, délibéré autant que je pourrais, ne me mêler d'autre chose, que de passer en

---

des Essais », in Françoise Argot-Dutard (édit.), *Des signes au sens : lectures du livre III des Essais*, Paris : Honoré Champion Editeur, 2003, p. 202).

[16] Et Yvonne Bellenger de continuer : « [...] et quand la maladie frappe, plus fréquente avec l'âge, il n'y a guère de remède pour l'atténuer ou la guérir » (*Idem*).

> repos, et à part, ce peu qui me reste de vie [...]¹⁷.

« Ce peu qui me reste de vie » en dit bien assez sur l'idée que Montaigne se fait de la durée du temps de vie qui lui reste ; cette intuition qui est sienne se manifeste ainsi déjà dans les toutes premières années de sa « retraite », avant que sa « colique » ne se soit déclarée. Le temps semble donc lui manquer à tel point qu'il n'ose ajourner un projet, de peur de ne pouvoir le réaliser :

> Et me rechante sans cesse, Tout ce qui peut être fait un autre jour, le peut être aujourd'hui. [...] Ce que j'ai affaire avant mourir, pour l'achever tout loisir me semble court, fût-ce œuvre d'une heure. Quelqu'un feuilletant l'autre jour mes tablettes, trouva un mémoire de quelques chose, que je voulais être fait après ma mort : je lui dis, comme il était vrai, que n'étant qu'à une lieue de ma maison, et sain et gaillard, je m'étais hâté de l'écrire, pour ne m'assurer point [parce que je

---

[17] « De l'Oisiveté », *op. cit.*, p. 87 (I, 8). A noter que dans l'édition Villey-Saulnier cet extrait s'insère dans la couche A (édition de 1580) du texte, ce qui le place effectivement aux premières années d'écriture de Montaigne.

n'étais pas sûr] d'arriver jusque chez moi[18].

Le spectre de la mort le précipite dans ses tâches et son âge avancé n'est pas non plus sans lui faire prendre conscience du terme prochain de sa vie :

> Mourir de vieillesse, c'est une mort rare, singulière, et extraordinaire, et d'autant moins naturelle que les autres [...] mais c'est un bien rare privilège de nous faire durer jusque-là. [...] Par ainsi mon opinion est, de regarder que l'âge auquel nous sommes arrivés, c'est un âge auquel peu de gens arrivent. Puisque d'un train ordinaire les hommes ne viennent pas jusque-là, c'est signe que nous sommes bien avant. Et puisque nous avons passé les limites accoutumées, qui est la vraie mesure de notre vie, nous ne devons espérer d'aller guère outre : Ayant échappé tant d'occasions de mourir, où nous voyons trébucher le monde, nous devons reconnaître qu'une fortune extraordinaire, comme celle-là qui nous maintient, et hors de l'usage commun, ne nous doit guère durer[19].

---

[18] « Que Philosopher, c'est apprendre à mourir », *op. cit.*, p. 134 (I, 19).
[19] « De l'âge », *op. cit.*, p. 529 (I, 57).

Le livre II des *Essais* confirme ce sentiment de la brièveté du temps et en contient la plus élégante image dans le douzième essai :

> Car pourquoi prenons-nous titre d'être, de cet instant, qui n'est plus qu'une éloise [un éclair] dans le cours infini d'une nuit éternelle, et une interruption si brève de notre perpétuelle et naturelle condition ? la mort occupant tout le devant et tout le derrière de ce moment, et encore une bonne partie de ce moment[20].

Si notre être n'est qu'un instant et que Montaigne a déjà atteint la « saison » de la vieillesse[21], alors cet instant qu'est sa vie est effectivement sur le point de disparaître tel l'éclair qui, à peine déchiré le sombre manteau du ciel nocturne, s'éteint et disparaît dans l'obscurité. La « nuit éternelle » est ici une métaphore de notre « perpétuelle et naturelle condition » qu'est la mort. La vie intervient donc comme « une interruption » éphémère de cette mort

---

[20] « Apologie de Raimond de Sebonde », *op. cit.*, p. 819 (II, 12).
[21] « Si vous avez pris garde au branle de mes quatre saisons, elles embrassent l'enfance, l'adolescence, la virilité, et la vieillesse du monde » (« Que Philosopher, c'est apprendre à mourir », *op. cit.*, p. 141).

qui occupe « tout le devant et tout le derrière de ce moment [la vie], et encore une bonne partie de ce moment ».

Le livre III des *Essais* vient magistralement hisser ce thème de la fuite du temps à son apogée. Ainsi pouvons-nous lire dans l'essai final:

> Principalement à cette heure, que j'aperçois la mienne [sa vie] si brève en temps, je la veux étendre en poids [...][22].

Quinze ans après « De l'Oisiveté » où Montaigne parle de « ce peu qui [lui] reste de vie », il en est toujours au même constat mais sent plus que jamais que sa fin est désormais éminemment proche.

Avec ce sentiment du temps qui « court et s'en va »[23] précipitamment, l'angoisse ne se trouve jamais très loin chez Montaigne. Au début des *Essais*, cette

---

[22] « De l'expérience », *op. cit.*, p. 1733 (III, 13).
[23] « De trois commerces », *op. cit.*, p. 1293 (III, 3) : « [...] le temps court et s'en va [...] ».

« angoisse [...] de l'homme dans le temps » [24] l'accompagne étroitement :

> La crainte, le désir, l'espérance, nous élancent vers l'avenir : et nous dérobent le sentiment et la considération de ce qui est, pour nous amuser à ce qui sera, voire quand nous ne serons plus. *Calamitosus est animus futuri anxius.* [Le malheur accable l'esprit inquiet de l'avenir][25].

Le champ lexical de l'angoisse, mis en évidence par les termes « crainte » et « *anxius* », révèle cette inquiétude liée au moment où « nous ne serons plus ». Certes ici Montaigne ne s'exprime pas à la première personne du singulier, mais il n'énonce pas moins une vérité générale qui l'inclut très probablement et qu'il reformule plus tard :

> Ceux qui sont en pressante crainte de perdre leur bien, d'être exilés, d'être subjugués, vivent en continuelle angoisse [...][26].

---

[24] Georges POULET, *op. cit.*, p. 14.
[25] « Nos affections s'emportent au-delà de nous », *op. cit.*, p. 65 (I, 3) ; citation latine de Sénèque, *Lettres*, 98, 6.
[26] « De la peur », *op. cit.*, p. 119 (I, 17).

Or Montaigne fait justement partie de ces gens qui craignent « d'être exilés » d'un moment à l'autre vers leur commune et humaine destinée, « au-delà cette vie »[27], qui craignent « d'être subjugués » à tout moment par ce temps qui à chaque instant engloutit « mille hommes, mille animaux et mille autres créatures »[28].

Le thème de la brièveté du temps, omniprésent tout au long des *Essais*, tend à perpétuer ce sentiment d'angoisse chez Montaigne. D'ailleurs, le mot « angoisse » ne renvoie-t-il pas au terme latin « *angustia* » qui désigne un passage étroit, un lieu resserré, en parlant d'espaces physiques, mais en parlant aussi du temps qui se fait court ? Si cette angoisse reste assez marquée et évidente au début de sa vie d'essayiste, la question est de savoir si ce sentiment demeure inchangé au fil des ans. Autrement dit, Montaigne

---

[27] « Nos affections s'emportent au-delà de nous », *op. cit.*, p. 68 (I, 3).
[28] « Que Philosopher, c'est apprendre à mourir », *op. cit.*, p. 143-144 (I, 19) : « Mille hommes, mille animaux, mille créatures meurent en ce même instant que vous mourez ».

appréhende-t-il incessamment le temps de manière angoissée ou parvient-il à surmonter ses craintes et à apaiser son « esprit inquiet » face à cette réalité ? Comment tente-t-il de parer à cette angoisse ? Quelles sont ses stratégies de défense ?

Dans le présent travail, il s'agit plus précisément de nous concentrer uniquement sur la problématique du temps dans les *Essais*. Outre l'aspect fugitif du temps intensément ressenti par l'auteur, comment aborde-t-il ce phénomène ? Comment le conçoit-il ? Sa conception du temps l'aide-t-elle finalement à vaincre ses peurs ? En une phrase, de quelle manière Montaigne affronte-t-il la réalité tragique et angoissante du temps humain ?

Sur cette question du temps dans les *Essais*, les travaux des chercheurs convergent tous vers la même conclusion, à savoir une saisie du moment présent chez Montaigne, une existence menée et vécue dans l'instant présent :

> L'élément central, le foyer de la philosophie de Montaigne, comme de toute philosophie, c'est un sentiment de la vie actuelle, intense, toute dans l'instant qui en jouit, dans le présent[29] ;

> Le point de départ de cette sagesse, c'est la *prise* : non au sens de prendre pour soi quelque chose, mais de le prendre *en* soi, de le faire sien. [...] Il n'y a de prise que du présent[30] ;

> Tout se ramène à cette philosophie qu'il [Montaigne] a lentement formulée sur la vie, dont il faut jouir dans l'instant et interroger chaque parcelle de temps[31] ;

> Se regardant agir ou penser, c'est cela que Montaigne veut saisir : le phénomène tel qu'il le vit dans l'instant de son jaillissement, imprévu et régénérateur, avant qu'aucun système ne le récupère et le déflore[32] ;

---

[29] Albert THIBAUDET, *Montaigne*, Paris : Gallimard, 1963, p. 222.
[30] Georges POULET, *op. cit.*, p. 58-59.
[31] Floyd GRAY, *La balance de Montaigne : exagium / essai*, Paris : Nizet, 1982, p. 38.
[32] Michel JEANNERET, *Perpetuum mobile, Métamorphoses des corps et des œuvres de Vinci à Montaigne*, Paris : Editions Macula, Collection Argô, 1997, p. 256.

> [...] il [Montaigne] jouit pleinement et sereinement du présent[33].

A la question de savoir si l'angoisse montaignienne se dissipe au fil des ans, ces critiques semblent donc répondre par l'affirmative. En effet, cette saisie du présent chez Montaigne va de pair avec une jouissance de la vie. Cet art de vivre dans le moment actuel procure joie et bonheur. Profiter et jouir exclusivement de chaque instant, telle serait donc la philosophie de vie de Montaigne. Françoise Joukovsky, qui a rédigé le travail le plus conséquent sur le problème du temps dans les *Essais*, parvient elle aussi à cette même conclusion :

> La joie est désormais la note dominante de cette sagesse, et que Montaigne renforce à plusieurs reprises. Elle est donnée à l'individu qui a su retrouver un contact immédiat avec le présent [...][34].

---

[33] Marcel CONCHE, « Le Temps dans les Essais », *Bulletin de la Société des Amis de Montaigne*, n° 25-26, 1978, p. 27.
[34] Françoise JOUKOVSKY, *Montaigne et le problème du temps*, Paris : Nizet, 1972, p. 234.

C'est à son travail que nous allons essentiellement nous référer et auquel nous tenterons d'apporter des éléments nouveaux.

Notre étude sera organisée en trois parties. Chaque volet sera consacré à une étape dans l'avancée de la pensée montaignienne du temps. Nous montrerons d'abord quelle est la réaction initiale de Montaigne en réponse à ce temps qui le presse et nous émettrons une première proposition, à savoir celle d'une conception subjective du temps : le temps montaignien est un temps personnel, psychologique, réversible, fait d'allers et retours vers l'avenir et le passé ; Montaigne navigue et fuit dans ces deux dimensions temporelles à la manière des sceptiques qui voguent d'un côté et de l'autre de la balance pyrrhonienne. Ensuite nous dégagerons de manière plus précise les caractéristiques propres au temps que relève Montaigne ; cela nous permettra de défendre la thèse d'un temps effectivement appréhendé de manière pyrrhonienne. Finalement nous nous pencherons sur le rapport de Montaigne au temps, particulièrement à l'instant, dans les derniers moments de sa vie. A ce stade de notre étude, nous nous rapprocherons des conclusions émises par les auteurs susmentionnés, mais nous nuancerons notre propos par une redéfinition de l'instant : nous présenterons l'instant comme une concentration de tous les temps (passé, présent, futur) et par conséquent défendrons la thèse d'une saisie de l'instant présent certes, mais d'une saisie qui prend en compte également le passé et le futur.

Dans la partie conclusive de notre travail, nous reviendrons sur la thématique de l'angoisse pour y apporter quelques précisions : par une jouissance de la vie dans le moment présent, l'angoisse de Montaigne tend effectivement à disparaître, mais le moment présent étant un concentré de toute la temporalité, c'est également par l'acceptation et la jouissance du passé et de l'avenir que l'angoisse montaignienne s'éteint.

Étape initiale

I. Subjectivité et réversibilité du temps

1. Le temps suspendu

L'homme confronté à l'approche fulgurante et angoissante de sa fin arrêterait volontiers l'écoulement du temps afin de pouvoir jouir de la vie quelques moments encore. Faute de pouvoir y parvenir, la seule solution qui lui reste est de profiter de ses derniers instants, de prendre le temps de vivre. Prendre le temps, c'est justement ce que Montaigne décide de faire : il se démet de ses fonctions de magistrat à la mairie de Bordeaux et se retire dans son domaine, en particulier dans l'une des tours de son château qui contient sa « librairie » et sur les murs de laquelle il fait peindre, notamment, une inscription latine se traduisant comme suit :

> L'an du Christ 1571, âgé de trente-huit ans, la veille des calendes de mars,

> anniversaire de sa naissance, Michel de Montaigne, las depuis longtemps déjà de sa servitude du Parlement et des charges publiques, en pleines forces encore, se retira dans le sein des doctes vierges, où, en repos et sécurité, il passera les jours qui lui restent à vivre. Puisse le destin lui permettre de parfaire cette habitation des douces retraites de ses ancêtres qu'il a consacrées à sa liberté, à sa tranquillité, à ses loisirs ![35]

Certes les voyages qu'il effectue à travers l'Europe et son retour à la vie publique ne permettent pas de comparer sa « retraite » à celle d'un ascète complètement retiré du monde, mais sa réaction demeure malgré tout significative : pressé par les jours qui viennent à s'épuiser pour lui, il prend la décision de se retirer chez soi afin de consacrer « les jours qui lui restent à vivre […] à sa liberté, à sa tranquillité, à ses loisirs ». Le temps venant à lui manquer, il décide de le prendre, de le saisir :

---

[35] Montaigne, *Œuvres complètes*, par Albert Thibaudet et Maurice Rat, Paris : Editions Gallimard, « Bibliothèque de la Pléiade », 1962, p. XVI (« Chronologie de Montaigne »).

> Je veux arrêter la promptitude de sa fuite [celle du temps] par la promptitude de ma saisie[36].

Cette « promptitude » de la fuite du temps est ressentie, nous le savons, dès le début de sa « retraite » littéraire[37]. Prendre, saisir le temps se révèle être finalement pour lui un moyen de l' « arrêter », ou à tout le moins de le suspendre d'une certaine manière. Ce temps suspendu devient alors synonyme de temps libre (« sa liberté », « ses loisirs »), de temps à soi, de temps pour soi.

Si en dépit de cela les jours et les nuits ne cessent d'alterner, les saisons de se suivre et les années de passer, cette saisie suspensive du temps n'en demeure pas moins réelle. Elle se traduit chez Montaigne sous une forme intellectuelle et les *Essais* en sont la cristallisation éternelle. Retiré « dans le sein des doctes vierges », il va allier l'écriture à la pensée, œuvrant ainsi dans une « saisie » scripturale du temps, de son temps :

---

[36] « De l'expérience », *op. cit.*, p. 1733 (III, 13).
[37] Cf. *supra*, notre introduction.

> J'ai choisi le temps, où ma vie, que j'ai à peindre, je l'ai toute devant moi [...]³⁸.

La temporalité étant une condition de la vie, Montaigne, en peignant sa vie, peint le temps d'une certaine façon. Plus que cela, il le saisit, le fixe sur papier, il l'« enregistre »³⁹ à jamais :

> Qui ne voit, que j'ai pris une route, par laquelle sans cesse et sans travail, j'irai autant, qu'il y aura d'encre et de papier au monde ? Je ne puis tenir registre de ma vie, par mes actions : fortune les met trop bas : je le tiens par mes fantaisies⁴⁰.

Nous pouvons à présent nous demander comment Montaigne peint le temps, ce qu'il enregistre du temps et où l'emportent ses « fantaisies ».

---

[38] « De la Physionomie », *op. cit.*, p. 1634 (III, 12).
[39] « De trois commerces », *op. cit.*, p. 1294 (III, 3) : « Tantôt je rêve, tantôt j'enregistre et dicte, en me promenant, mes songes que voici ».
[40] « De la vanité », *op. cit.*, pp. 1476-1477 (III, 9).

2. Le temps en va-et-vient ou le va-et-vient du temps

2.1. Proposition

Face à ce temps qui vient à s'épuiser et qui presse Montaigne, nous soutenons que la réaction initiale de l'essayiste se traduit par un voyage mental vers les deux dimensions temporelles que sont l'avenir et le passé. La thèse que nous défendons est celle d'un temps subjectif et réversible : l'auteur suspend « la hâtiveté de [l'] écoulement »[41] linéaire du temps afin de laisser son esprit voguer librement de passé en avenir, dans un balancement continuel :

> Mon entendement ne va pas toujours avant, il va à reculons aussi[42].

---

[41] « De l'expérience », *op. cit.*, p. 1733 (III, 13).
[42] « De la vanité », *op. cit.*, p. 1505 (III, 9).

Sur ce point, nous nous éloignons donc du propos de Françoise Joukovsky qui soutient d'emblée une saisie de l'instant présent grâce à la constance stoïcienne, comme premier rapport au temps chez Montaigne[43]. Force est de constater en effet que l'auteur échappe continuellement au présent car chez lui la constance (par laquelle l'instant peut être saisi[44]) s'avère impossible :

> A chaque minute il me semble que je m'échappe[45].

Montaigne ne parvient pas à se maintenir dans un état de pensée unique et stable. L'homme est à ses dires « un sujet merveilleusement vain, divers et ondoyant »[46] et lui-même n'échappe pas à la règle. Avenir et passé sont les deux destinations de son voyage temporel intérieur et

---

[43] Françoise JOUKOVSKY, *op. cit.*, pp. 72-73 : « Dans le premier livre, il croit posséder au moins une base sûre, l'instant présent, que la sagesse stoïcienne lui promet en toute propriété ».
[44] *Ibid.*, p. 102 : « Quand il s'efforce de penser en Stoïcien, Montaigne accepte l'instant comme détermination du moi par la constance ».
[45] « Que Philosopher, c'est apprendre à mourir », *op. cit.*, pp. 133-134 (I, 19).
[46] « Par divers moyens on arrive à pareille fin », *op. cit.*, p. 58 (I, 1).

le présent, lui, est comme oublié. Montaigne se trouve effectivement hors de ce qui constitue son présent, du fait de ses pensées toujours orientées autre part :

> Nous pensons toujours ailleurs[47].

Si l'esprit montaignien navigue incessamment « ailleurs », d'avenir en passé ou vice-versa, on peut se demander ce que contiennent au juste ces deux dimensions temporelles. Que représentent l'avenir et le passé pour Montaigne ? De quoi se souvient-il ? Et que projettent essentiellement ses pensées ?

2.2. Le temps prospectif

L'avenir est source d'angoisse car il fait miroiter la mort de l'individu, la finitude de l'être humain. Eveillé face à cette réalité inévitable de l'homme, Montaigne fait de la brièveté du temps de vie un de ses thèmes privilégiés. Aussi est-ce ce temps à venir que nous allons

---

[47] « De la diversion », *op. cit.*, p. 1303 (III, 4).

d'abord mettre en évidence, temps dans lequel Montaigne ne cesse de se projeter.

Les premiers essais mettent naturellement en place cette vision prospective de l'auteur :

> Nous ne sommes jamais chez nous, nous sommes toujours au-delà. […] Pendant que nous nous remuons, nous nous portons par préoccupation où il nous plaît[48].

De la structure antithétique de la première phrase nous retenons fondamentalement une opposition nette entre avenir et présent. L'indication de lieu « au-delà », qui fait écho à celle du titre de l'essai, devient en effet temporelle et renvoie à ce futur vers lequel nous nous projetons sans cesse. Nous en déduisons donc que « chez nous » signifie le moment présent. Etant hors du moment présent, nous ne le sentons pas, tout élancés que nous sommes vers l'avenir. « En anticipant le futur, il [Montaigne] sent se

---

[48] « Nos affections s'emportent au-delà de nous », *op. cit.*, p. 65, 67 (I, 3).

dérober sous lui ce qui faisait son présent »[49], pourrions-nous dire à la manière de Georges Poulet. Le présent échappe continuellement à Montaigne, lequel « se remue » d'avant en arrière, d'un temps à l'autre, dans un va-et-vient perpétuel.

L'adverbe « au-delà » substantivé renvoie à l'après-vie, au monde des morts, à l'au-delà, « au-delà cette vie »[50]. Ce sens arrive à point nommé dans ce contexte car cet « au-delà » adverbial correspond ici effectivement à la mort. Montaigne confirme cela plus loin :

> Je laisserai purement la coutume ordonner de cette cérémonie [son enterrement] : et m'en remettrai à la discrétion des premiers à qui je tomberai en charge[51].

Le pronom personnel « nous » laisse la place ici au « je » montaignien. L'auteur, bien que peu soucieux de l'organisation minutieuse du déroulement de ses funérailles, en manifeste malgré tout la « préoccupation »

---

[49] Georges POULET, *op. cit.*, p. 51.
[50] « Nos affections s'emportent au-delà de nous », *op. cit.*, p. 68 (I, 3).
[51] *Ibid.*, p. 71 (I, 3).

en s'y projetant déjà. Notons l'emploi du futur, temps verbal qui ancre l'auteur dans cette dimension temporelle à venir : « Je laisserai », « m'en remettrai » et « je tomberai ».

L'avenir signifiant la mort, il s'y projette afin de s'y préparer au mieux :

> Me veux-je armer contre la crainte de la mort ? c'est aux dépens de Seneca[52].

Le stoïcisme sénéquien nourrit tant bien que mal son courage face à l'approche fulgurante de sa fin. Car finalement, si la mort peut être source de crainte, c'est son approche qui angoisse Montaigne, bien plus que la mort en elle-même :

> Car quant à l'instant et au point du passage [la mort], il n'est pas à craindre, […]. Nos souffrances ont besoin de temps, qui est si court et précipité en la mort, qu'il faut nécessairement qu'elle soit insensible. Ce sont les approches que nous avons à craindre[53].

---

[52] « Du pédantisme », *op. cit.*, p. 211 (I, 24).
[53] « De l'exercitation », *op. cit.* p. 593 (II, 6).

Le moment précis du « passage » étant de très courte durée, c'est davantage l'arrivée, l'approche de ce moment (et donc la fuite du temps) qui est angoissante pour Montaigne. Anticiper cet instant, s'y projeter, est ainsi un moyen pour lui de s'y préparer psychologiquement.

L'attente de la mort devient ainsi pour l'essentiel le temps prospectif de l'auteur. Cette prolepse mortuaire, si nous osons nous exprimer ainsi, reste une constante dans l'œuvre et la vie de Montaigne :

> [...] comme est-il possible qu'on se puisse défaire du pensement de la mort, et qu'à chaque instant il ne nous semble qu'elle nous tienne au collet ? [...] n'ayons rien en la tête que la mort : à tous instants représentons-la à notre imagination et en tous visages. [...] Il est incertain où la mort nous attende, attendons-la partout. La préméditation de la mort, est préméditation de la liberté. [...] il n'est rien de quoi je me sois dès toujours plus entretenu que des imaginations de la mort [...][54].

---

[54] « Que Philosopher, c'est apprendre à mourir », *op. cit.*, pp. 131, 132, 133 (I, 19).

Du pronom personnel « on » Montaigne passe au « nous » pour terminer par le « je ». Cette préméditation de la mort, avant de concerner l'auteur uniquement, concerne tous les êtres humains, y compris le lecteur qui est inclus dans ces « on » et « nous » collectifs. Autrement dit, personne n'est épargné. « La mort est l'universelle ligne d'arrivée »[55], reprend-il d'Horace un peu plus loin. Notons l'état d'urgence que l'on ressent à la lecture de ces lignes. Les indications de temps « à chaque instant » et « à tous instants » projettent Montaigne dans un futur très proche. La conscience d'une mort prête à survenir à tout moment semble précipiter Montaigne dans ses tâches et actions quotidiennes. Rien ne préoccupe, dans le sens étymologique, davantage Montaigne que son « maître jour »[56], le dernier.

Ainsi en va-t-il aussi du livre II, où nous pouvons lire la phrase suivante :

---

[55] *Ibid.,* p. 139 (I, 19); citation d'Horace, *Epîtres*, I, XVI, 76-79.
[56] « Qu'il ne faut juger de notre heur, qu'après la mort », *op. cit.*, p. 123 (I, 18).

> Le plus long de mes desseins n'a pas un an d'étendue : je ne pense désormais qu'à finir : me défais de toutes nouvelles espérances et entreprises : prends mon dernier congé de tous les lieux, que je laisse : et me dépossède tous les jours de ce que j'ai. *Olim iam nec perit quicquam mihi, nec acquiritur ; plus superest viatici quam viae* [Depuis longtemps déjà il n'est pour moi ni perte ni gain ; il me reste plus de provisions que de chemin à faire][57].

Si projets il y a, ceux-ci sont éphémères. Le seul véritable « dessein » de Montaigne est l'attente de la mort. Rien d'autre ne le préoccupe, car cela serait en vain. En effet, le filet de sable cessera bientôt de s'écouler dans le sablier de son temps de vie. Le bout du chemin est proche, et chaque journée qui passe rapproche davantage cet horizon final. Ses pensées et ses imaginations prospectives sont donc toutes essentiellement dirigées vers sa fin.

---

[57] « Toutes choses ont leur saison », *op. cit.*, p. 1089 (II, 38) ; citation latine de Sénèque, *Lettres*, 77, 3.

La vieillesse est pour quelque chose dans cette anticipation de « l'éternel exil »[58]. Montaigne le fait remarquer dans son chapitre final :

> [...] la vieillesse, qui est un signe indubitable de l'approche de la mort : de tous les autres accidents, je vois peu de l'avenir, sur quoi nous ayons à fonder notre divination. Je ne me juge que par vrai sentiment, non par discours : A quoi faire ? puisque je n'y veux apporter que l'attente et la patience[59].

L'anticipation est ici mise en évidence par des termes ou expressions tels que « l'approche de la mort », « je vois peu de l'avenir », « notre divination », « la patience » et « l'attente ». « L'attente », voilà justement le maître mot qui renvoie à la proposition citée plus haut, à savoir celle d'un temps prospectif correspondant pour l'essentiel à l'attente de la mort.

---

[58] « Que Philosopher, c'est apprendre à mourir », *op. cit.*, pp. 127 (I, 19).
[59] « De l'expérience », *op. cit.*, p. 1706 (III, 13).

> Il est incertain où la mort nous attende, attendons-la partout[60],

préconise-t-il déjà dans ses premiers essais.

> La mort se mêle et confond partout à notre vie : le déclin préoccupe son heure, et s'ingère au cours de notre avancement même[61].

L' « heure » du « déclin », de la mort, est sans cesse « préoccupée », « préméditée », devancée, anticipée par imagination. L'esprit de Montaigne s'achemine donc continuellement « aux pensées de la mort »[62], qui lui dessinent cet unique et « indubitable » avenir.

2.3. Le temps rétrospectif

---

[60] « Que Philosopher, c'est apprendre à mourir », *op. cit.*, p. 132 (I, 19).
[61] « De l'expérience », *op. cit.*, p. 1718 (III, 13).
[62] *Ibid.*, p. 1717 (III, 13).

Le passé constitue aussi un lieu, ou plutôt devrions-nous dire un temps, de promenade pour les pensées de Montaigne.

Immédiatement, nous pensons à son rapport aux livres et particulièrement au monde antique. Mais ce n'est pas ce passé-la (que nous retrouvons du début à la fin des *Essais* à travers les citations, les références ou les anecdotes relatives aux textes des auteurs antiques) que nous allons mettre en avant.

Etant donné que Montaigne « ne vise qu'à découvrir [s]oi-même »[63] et qu'il « n'ose non seulement parler de [s]oi : mais parler seulement de [s]oi »[64], c'est de son passé personnel dont nous allons parler.

Montaigne évoque son passé par les souvenirs, toujours dans l'optique de pallier l'angoisse :

> *Mens intenta suis ne siet usque malis.*
> [De peur que mon esprit ne soit toujours tourné vers ses maux.]
> je gauchis tout doucement, et dérobe ma vue de ce ciel orageux et nubileux que

---

[63] « De l'institution des enfants », *op. cit.*, p. 227 (I, 25).
[64] « De l'art de conférer », *op. cit.*, p. 1475 (III, 8).

> j'ai devant moi. [...] Et me vais amusant en la recordation des jeunesses passées⁶⁵.

L'auteur évite d'élancer son esprit continuellement vers son avenir, qu'il compare à un « ciel orageux et nubileux ». Ce ciel sombre qui se profile à l'horizon ne contient que des « maux », parmi lesquels la mort. D'où un mouvement de recul de la pensée montaignienne, comme par rejet de cet avenir déclinant. L'esprit de l'auteur esquive l'angoisse de cette vision future par un retour vers son passé. Montaigne poursuit :

> Je ne m'égaie qu'en fantaisie et en songe : pour détourner par ruse, le chagrin de la vieillesse⁶⁶.

La vieillesse étant le signe révélateur d'une vie quasi achevée et annonciateur d'une fin qui s'approche, c'est également de cela dont se détourne Montaigne en plongeant dans les souvenirs du passé.

---

⁶⁵ « Sur des vers de Virgile », *op. cit.*, p. 1314 (III, 5) ; vers latin d'Ovide, *Tristes*, IV, I, 4.
⁶⁶ *Ibid.*, p. 1315 (III, 5).

Certes les *Essais* ne sont pas une autobiographie, bien qu'ils en annoncent le genre. Il n'empêche : nous y trouvons du « récit rétrospectif en prose »[67], quand il ne s'agit pas d'y déceler de simples évocations passées. Montaigne se remémore régulièrement son passé et ne se prive pas de l' « enregistrer » :

> Je tiens moins hasardeux d'écrire les choses passées, que présentes[68].

Ces « choses passées » trouvent ainsi leur place, dispersées çà et là dans les *Essais* ; parfois de manière discrète où un souvenir d'enfance est brièvement rappelé :

> Je me suis souvent dépité en mon enfance, de voir ès comédies Italiennes, toujours un pédant pour badin, […][69],

---

[67] Philippe LEJEUNE, *L'autobiographie en France,* Paris : Librairie Armand Colin, 1971, p. 14.
[68] « De la force de l'imagination », *op. cit.*, p. 161 (I, 20).
[69] « Du pédantisme », *op. cit.*, p. 203 (I, 23).

parfois de manière plus marquante, comme dans ces pages qui contiennent le récit de ses années d'éducation alors qu'il était tout jeune :

> Feu mon père, […], et avant le premier dénouement de ma langue, il me donna en charge à un Allemand, […], du tout ignorant de notre langue, et très bien versé en la Latine. […] mon père et ma mère y apprirent assez de Latin pour l'entendre, […]. Somme, nous nous latinisâmes tant, qu'il en regorgea jusques à nos villages tout autour, […]. Quant à moi, j'avais plus de six ans, avant que j'entendisse non plus de François ou de Périgourdin, que d'Arabesque : et sans art, sans livre, sans grammaire ou précepte, sans fouet, et sans larmes, j'avais appris du Latin, […] il [son père] avait été conseillé de me faire goûter la science et le devoir, par une volonté non forcée, et de mon propre désir ; et d'élever mon âme en toute douceur et liberté, sans rigueur et contrainte[70].

Montaigne poursuit encore sur quelques pages la narration de sa période de formation. Le temps verbal du présent, utilisé en grande partie dans les *Essais*, est ici

---

[70] « De l'institution des enfants », *op. cit.*, pp. 267-269 (I, 25).

laissé de côté au profit du passé simple (« il me donna », « y apprirent », « nous nous latinisâmes », « il en regorgea »), de l'imparfait (« j'avais »), du plus-que-parfait (« j'avais appris », « il avait été ») et du subjonctif imparfait (« que j'entendisse »), soit des temps relatifs au récit.

Tantôt aussi les souvenirs de la vie de l'auteur interviennent dans ses « articles »[71] de manière plus douloureuse, comme la « souvenance » et le regret de la perte de son ami Etienne de La Boétie :

> Depuis que je le perdis,
>
> > *quem semper acerbum,*
> > *Semper honoratum (sic Dii voluistis)*
> > *habebo,*
> > [que toujours je considérerai (vous l'avez voulu, ô Dieux) comme un jour d'amertume, comme un jour sacré,]
> >
> > je ne fais que traîner languissant : et les plaisirs mêmes qui s'offrent à moi, au lieu de me consoler, me redoublent le regret de sa perte. [...]

---

[71] « De l'expérience », op. cit., p. 1681 (III, 13), (« [...] voici quelques articles, comme la souvenance me les fournira »).

> Il n'est action ou imagination, où je ne le trouve à dire […] »⁷².

Montaigne revit, à travers ses souvenirs, son amitié avec La Boétie, non sans peine et chagrin. Le revécu de ce souvenir passe par le présent (« où je ne le trouve à dire ») où quelque chose se passe dans la conscience de l'auteur (« le regret de sa perte »).

Et tantôt encore d'autres réminiscences refont surface avec nostalgie, douceur et respect :

> Feu mon père […] m'a dit autrefois, qu'il avait désiré mettre en train [faire en sorte], qu'il y eût és villes certain lieu désigné, auquel ceux qui auraient besoin de quelque chose, se pussent rendre, et faire enregistrer leur affaire à un officier établi pour cet effet⁷³.

Le livre II quant à lui comporte sans doute le plus célèbre extrait autobiographique des *Essais*, à savoir l'épisode de l'accident de cheval :

---

[72] « De l'amitié », *op. cit.*, p. 298-299 (I, 27) ; citation latine de Virgile, *Enéide*, V, 49-50.
[73] « D'un défaut de nos polices », *op. cit.*, p. 346 (I, 34).

> Pendant nos troisièmes troubles, ou deuxièmes (il ne me souvient pas bien de cela) m'étant allé un jour promener à une lieue de chez moi [...] j'avais pris un cheval bien aisé, mais non guère ferme. A mon retour [...] un de mes gens grand et fort, monté sur un puissant roussin [...] vint à le pousser à toute bride droit dans ma route [...] nous envoyant l'un et l'autre les pieds contre-mont : si que voilà le cheval abattu et couché tout étourdi, moi dix ou douze pas au-delà, étendu à la renverse [...], n'ayant ni mouvement, ni sentiment, non qu'une souche[74].

L'auteur continue le « conte [de cet] événement si léger »[75] jusqu'au moment de son retour chez lui et de sa reprise de conscience. Montaigne narre ici « la souvenance de cet accident »[76] qu'il se remémore du mieux qu'il peut :

> Je ne veux pas oublier ceci, que la dernière chose en quoi je me pus remettre [que je pus me remémorer], ce fut la souvenance de cet accident [...]. Quant à la façon de ma chute, on me la cachait

---

[74] « De l'exercitation », *op. cit.*, p. 594 (II, 6).
[75] *Ibid.*, p. 601 (II, 6).
[76] *Ibid.*, p. 600 (II, 6).

> [...]. Mais longtemps après, et le lendemain, quand ma mémoire vint à s'entr'ouvrir, et me représenter l'état, où je m'étais trouvé en l'instant que j'avais aperçu ce cheval fondant sur moi [...] il me sembla que c'était un éclair qui me frappait l'âme de secousse, et que je revenais de l'autre monde[77].

« Je ne veux pas oublier », de par la conjugaison au présent du verbe « vouloir », ancre le narrateur autodiégétique dans son présent d'énonciation ; mais le signifié de l'expression, à savoir la négation de l'oubli et donc le désir de remémoration, renvoie Montaigne vers son passé où il s'agissait aussi de se rappeler quelque chose : « la dernière chose en quoi je me pus remettre [que je pus me remémorer], ce fut la souvenance de cet accident ». D'une certaine manière, l'auteur, narrateur et personnage qu'est ici Montaigne, se remémore une remémoration. Il narre sa mémoire (« ma mémoire vint ») et ce, à l'aide de sa mémoire actuelle (« je ne veux pas oublier »). Il y a comme une mise en abîme de la mémoire montaignienne, pourrions-nous dire, ainsi

---

[77] *Idem*.

qu'un double mouvement de recul dans le temps : du moment énonciatif, Montaigne recule vers le moment du souvenir sis dans le passé, lequel le fit et le fait encore reculer jusqu'à la représentation mémorielle du moment de l'accident (« ma mémoire vint à [...] me représenter l'état, où je m'étais trouvé en l'instant que j'avais aperçu ce cheval fondant sur moi »). « Nous voilà à reculons jusques à l'infini »[78], pourrions-nous presque reformuler à la manière de Montaigne. « Les ans m'entraînent s'ils veulent, mais à reculons »[79], nous répète-t-il encore dans son dernier livre, où nous lisons aussi :

> *animus quod perdidit, optat,*
> *Atque in praeterita se totus imagine versat.*
> [l'âme désire ce qu'elle a perdu et se tourne tout entière en imagination vers le passé.]
>
> [...] Autant que mes yeux peuvent reconnaître cette belle saison expirée, je les y détourne à secousses. Si elle échappe de mon sang et de mes veines, au

---

[78] « Apologie de Raimond de Sebonde », *op. cit.*, p. 928 (II, 12).
[79] « Sur des vers de Virgile », *op. cit.*, p. 1314 (III, 5).

> moins n'en veux-je déraciner l'image de la mémoire.
> *hoc est,*
> *Viuere bis, vita posse priore frui.*
> [c'est vivre deux fois, que de pouvoir jouir de la vie passée][80].

C'est donc du monde des souvenirs personnels et des « jeunesses passées » dont Montaigne tente de « jouir » une seconde fois, de manière rétrospective, par le revécu imaginatif.

2.4. La promenade dans le temps

Montaigne voyage donc bel et bien dans ces deux directions temporelles que sont l'avenir et le passé, en un va-et-vient ininterrompu, tentant ainsi de faire front devant l'angoisse inhérente à l'approche de son dernier souffle de vie :

> Notre façon ordinaire c'est d'aller après les inclinations de notre appétit, à gauche, à dextre, contremont, contrebas, selon que

---

[80] *Ibid.*, p. 1314, 1315 (III, 5) ; citations latines de Pétrone, *Satiricon*, CXXVIII et de Martial, X, XXIII, 7-8.

> le vent des occasions nous emporte [...]
> Ce que nous avons à cette heure proposé [projeté], nous le changeons tantôt, et tantôt encore retournons sur nos pas[81].

Nous modifions les décisions et prévisions du moment, puis nous revenons tout de même sur nos choix précédents. La pensée vogue d'avant en arrière, du nouveau vers l'ancien, selon nos désirs. Les préfixes « pro » de « proposé » et « re » de « retournons » renvoient respectivement dans un temps à venir et passé. Le double emploi de l'adverbe temporel « tantôt » tend aussi à marquer cette dualité opposée du temps : « tantôt » nous allons de l'avant, « tantôt » nous revenons en arrière. Les antonymies marquées par les oppositions « à gauche », « à dextre » et « contremont », « contrebas » figurent elles aussi les dimensions passée et future du temps, « à gauche » et « contremont » pouvant se rapporter au passé et « à dextre » et « contrebas » à l'avenir. Certes ici ces adverbes de lieu spatialisent le

---

[81] « De l'inconstance de nos actions », *op. cit.*, p. 535, 536 (II, 1).

temps mais c'est toujours ainsi, par images, que procède Montaigne. D'ailleurs il continue :

> Nous n'allons pas, on nous emporte : comme les choses qui flottent, ores doucement, ores avec violence, selon que l'eau est ireuse ou bonasse [irritée ou calme][82].

En d'autres termes montaigniens cités plus haut, notre « entendement ne va pas toujours avant », il ne suit pas une seule et unique direction qui serait linéaire et toute tournée vers l'avenir ; nos pensées sont emportées et dirigées dans tous les sens.

Montaigne vogue donc tel un navire chahuté par les vents contraires. Cette comparaison maritime, que l'auteur se plaît à poursuivre au gré de son voyage littéraire, permet d'accentuer encore plus ce mouvement en aller et retour dans le temps :

> Je ne fais qu'aller et venir : mon jugement ne tire pas toujours avant, il flotte, il vague,

---

[82] *Ibid.*, p. 536 (II, 1).

> *velut minuta magno*
> *Deprensa nauis in mari vesaniente vento*
> [comme un frêle esquif surpris sur la vaste mer par un vent furieux.]
>
> [...] Les secousses et ébranlements que notre âme reçoit par les passions corporelles, peuvent beaucoup en elle : mais encore plus les siennes propres : auxquelles elle est si fort prise, qu'il est à l'aventure soutenable, que du souffle de ses vents, et que sans leur agitation elle resterait sans action, comme un navire en pleine mer, que les vents abandonnent de leur secours[83].

L'âme de Montaigne navigue dangereusement, ballottée ci et là sur l'océan. Elle ne demeure pas inactive : elle est toujours en action, en mouvement, en va-et-vient selon ses « inclinations » et « passions », comme guidée et agitée par le transport des flots et des vents. Affectionnant les métaphores maritimes, les poètes romains devenaient matelots, et leur esprit ou leur œuvre

---

[83] « Apologie de Raimond de Sebonde », *op. cit.*, p. 878-879 (II, 12) ; vers latins de Catulle, XXV, 12-13.

devenait barque[84] ; affectionnant la poésie et les poètes romains[85], Montaigne devient à son tour navigateur et son esprit devient navire. Mais « la navigation est dangereuse [...] avec une barque fragile [...]. Les vents contraires et les tempêtes sont aussi de fréquents dangers »[86], apprenons-nous d'Ernst Curtius dans son ouvrage sur la littérature européenne et le Moyen Age latin. Et c'est ce genre de navigation qu'expérimente Montaigne ; il est à bord d'une embarcation fragile (« un frêle esquif ») qui tangue violemment d'avant en arrière sous l'effet d'un « vent furieux ». L'esprit montaignien n'entreprend pas une traversée paisible et linéaire tout orientée en direction de ce port (la mort[87]) visible à l'horizon et qui achèvera son voyage ; son périple s'avère

---

[84] Cf. Ernst Robert CURTIUS, *La littérature européenne et le Moyen Age latin*, trad. par Jean Bréjoux, Paris : PUF, 1991 [1956], p. 220, (« Le poète devient matelot, son esprit ou son œuvre devient barque »).
[85] Cf. « De l'institution des enfants », *op. cit.*, p. 224 (I, 25), (« [...] la poésie, que j'aime d'une particulière inclination »).
[86] Ernst CURTIUS, *op. cit.*, p. 220.
[87] « Que le goût des biens et des maux dépend en bonne partie de l'opinion que nous en avons », *op. cit.*, p. 395 (I, 40), (« Or cette mort que les uns appellent des choses horribles la plus horrible, qui ne sait que d'autres la nomment l'unique port des tourments de cette vie ? »).

mouvementé, d'aval en amont, bousculé par les « passions » de « l'âme », par « le souffle de ses vents » :

> Autant que je m'étais jeté en avant,
> je me relance d'autant en arrière.
>
> *Qualis ubi alterno procurrens gurgite pontus,*
> *Nunc ruit ad terras scopulisque superiacit undam,*
> *Spumeus, extremamque sinu perfundit arenam :*
> *Nunc rapidus retro atque aestu reuoluta resorbens*
> *Saxa fugit, littusque vado labente relinquit.*
> [Ainsi fait la mer quand, dans la course alternée de la masse de ses eaux, tantôt elle se rue vers la terre, lance ses vagues par-dessus les rochers, écumante, et dans ses replis baigne au plus loin la grève, tantôt, reculant rapide et ravalant dans sa houle les rocs qu'elle a roulés, elle s'enfuit et, au déclin des eaux, délaisse le rivage.][88]

Comme la « course alternée » des eaux océaniques qui se jettent vers l'avant pour rebrousser chemin ensuite, l'esprit montaignien se promène de la même

---

[88] « Apologie de Raimond de Sebonde », *op. cit.*, p. 883 (II, 12) ; vers latins de Virgile, *Enéide*, XI, 624-628.

manière, dans un mouvement d'avancement et de recul temporel incessant.

Outre la pensée de Montaigne qui devient navire, c'est également son écriture qui se fait navigante, comme par analogie avec les Anciens [89], à nouveau. La navigation rédactionnelle des *Essais* suit de près les « sauts » et les « gambades »[90] de l'esprit de l'auteur, les ballottements du navire :

> Ici nous allons conformément, et tout d'un train, mon livre et moi[91].

L'écriture accompagne ainsi intimement l'« allure si vagabonde »[92] et le va-et-vient temporel du « moi » montaignien :

---

[89] Cf. Ernst Robert CURTIUS, *op. cit.*, p. 219 (« Les poètes romains ont coutume de comparer la rédaction d'une œuvre à une traversée »).
[90] « De la vanité », *op. cit.*, p. 1550 (III, 9), (« J'aime l'allure poétique, à sauts et à gambades »).
[91] « Du repentir », *op. cit.*, p. 1258 (III, 2).
[92] « De l'exercitation », *op. cit.*, p. 601 (II, 6), (« C'est une épineuse entreprise, et plus qu'il ne semble, de suivre une allure si vagabonde, que celle de notre esprit »).

> […] mon style, et mon esprit, vont vagabondant de même[93].

Nous savons en effet que Montaigne revenait sans cesse sur ses essais pour les compléter, quand bien même ceux-ci étaient déjà publiés :

> Mon livre est toujours un : sauf qu'à mesure, qu'on se met à le renouveler […] je me donne loi d'y attacher quelque emblème supernuméraire. Ce ne sont que surpoids, qui ne condamnent point la première forme[94].

Cette manière de rédiger les *Essais*, « par articles décousus »[95], répond donc parfaitement au va-et-vient de l'esprit montaignien, aux mouvements chahutés du navire spirituel :

> En mes écrits mêmes, je ne retrouve pas toujours l'air de ma première imagination : je ne sais ce que j'ai voulu dire : et m'échaude souvent à corriger, et

---

[93] « De la vanité », *op. cit.*, p. 1550 (III, 9).
[94] « De la vanité », *op. cit.*, p. 1504-1505 (III, 9).
[95] « De l'expérience », *op. cit.*, p. 1676 (III, 13), (« Je prononce ma sentence par articles décousus »).

> y mettre un nouveau sens, pour avoir perdu le premier qui valait mieux.[96]

Le va-et-vient intellectuel dans le temps se fait parallèlement au va-et-vient rédactionnel des *Essais*. La « continuelle agitation et mutation de[s] pensées »[97] montaigniennes s'accorde avec une « forme d'écrire douteuse en substance »[98]. La traversée rédactionnelle suit le tangage de l'esprit.

Cette navigation chahutée entraîne le lecteur avec elle et produit un effet de bascule, de mouvement oscillatoire toujours à la recherche d'une espèce d'équilibre. Nous sommes ballottés ici et là, d'aval en amont, dans une description prospective et rétrospective du temps ; nous vacillons vertigineusement avec Montaigne, dans une recherche incessante de stabilité et de quiétude spirituelle.

---

[96] « Apologie de Raimond de Sebonde », *op. cit.*, p. 878 (II, 12).
[97] « De la vanité », *op. cit.*, p. 1477 (III, 9).
[98] « Apologie de Raimond de Sebonde », *op. cit.*, p. 793 (II, 12).

3. Vers une mise en doute du temps

Si Françoise Joukovsky semble penser que Montaigne, dans son premier rapport au temps, atteint déjà cette stabilité grâce à une saisie du moment présent par la constance stoïcienne[99], on peut penser aussi que l'auteur se limite d'abord à cette promenade temporelle intérieure, sans encore accéder à la tranquillité de l'esprit. Certes l'empreinte stoïcienne est effectivement présente au début des *Essais*, particulièrement dans le livre I, mais Montaigne est encore loin d'atteindre cette quiétude de l'âme. Il prend en effet rapidement conscience de l' « inconstance et légèreté incroyable » de l'esprit de l'homme et de la « continuelle variation des

---

[99] Françoise JOUKOVSKY, *op. cit.*, pp. 87, 90 : « La vie du sage acquiert ainsi une continuité indispensable au bonheur, et qui ne provient ni du souvenir ni de l'anticipation. Elle est due à la qualité constante des instants qui composent la vie. [...] Ainsi l'influence du stoïcisme oriente, et, dans une certaine mesure, limite l'expérience du temps dans le premier livre des *Essais*. Montaigne semble croire à la possibilité de posséder l'instant, et ne s'efforce guère de contempler le passage ».

choses humaines »[100] et ce, déjà dans le premier livre. Cette inconstance n'est évidemment pas sans rendre cette saisie idéale de l'instant présent très difficile d'accès.

Montaigne adopte donc initialement une approche subjective du temps et le rend réversible. Il tente ainsi de le maîtriser, comme pour en retarder la fin, en quelque sorte. Son esprit se déplace dans le temps de la même manière que son corps se déplace dans l'espace :

> Moi qui le plus souvent voyage pour mon plaisir, ne me guide pas si mal. S'il fait laid à droite, je prends à gauche [...] Ai-je laissé quelque chose à voir derrière moi, j'y retourne : c'est toujours mon chemin. Je ne trace aucune ligne certaine, ni courbe[101].

Dans les *Essais*, Montaigne fait voyager son lecteur d'un lieu géographique à un autre, de pays en pays et même de continent en continent, dans un cadre spatial très diversifié. Nous sommes embarqués avec lui sur le même navire pour un voyage dans le monde et dans le temps.

---

[100] « Des coutumes anciennes », *op. cit.*, pp., 483, 484 (I, 49).
[101] « De la vanité », *op. cit.*, pp. 1535-1536 (III, 9).

L'auteur adapte son style à cette traversée mouvementée et privilégie donc « un parler simple et naïf, tel sur le papier qu'à la bouche : un parler [...] déréglé, décousu, et hardi »[102]. Il ne se prive pas non plus d'allonger continuellement ses chapitres par des adjonctions, opérant ainsi d'incessants retours en arrière sur son texte. Mais dans la mesure du possible, il ne retranche rien de ce qu'il a déjà écrit[103], tout comme il ne peut rien modifier de son passé. Bien que réversible, le temps montaignien demeure irrévocable. La Boétie, pour citer un exemple, est mort et rien ne changera cela ; seuls les souvenirs de Montaigne peuvent ramener son ami à une certaine forme de présence.

Entre le va-et-vient d'un lieu du globe à un autre, d'un temps futur à un temps révolu ou encore d'un procédé d'écriture à son contraire, la lecture des *Essais* provoque une sensation d'angoisse vertigineuse, de par ce mouvement en perpétuelle oscillation et cette quête

---

[102] « De l'institution des enfants », *op. cit.*, p. 265 (I, 25).
[103] Cf. « De la vanité », *op. cit.*, p. 1504 (III, 9) : « J'ajoute, mais je ne corrige pas [...] ».

infinie d'équilibre. Nous devinons ainsi l'angoisse de Montaigne face à ce temps qui le presse et qu'il tente de maîtriser « par la promptitude de [s]a saisie », par la recherche de ce point d'équilibre spirituel qui lui permettra de vaincre son angoisse. Le temps devient une sorte de balance sur laquelle l'auteur penche d'un côté comme de l'autre. Le temps s'apparente donc à quelque chose de mouvant où l'esprit « vagabond et versatile »[104] de Montaigne trace ses allées et venues:

> Chaque jour nouvelle fantaisie, et se meuvent nos humeurs avec les mouvements du temps[105].

Cet effet de balancement, ce « branle »[106] de l'âme et de l'écriture, ce « mouvement d'ivrogne, titubant, vertigineux, informe »[107] ainsi que tous les caractères

---

[104] « De l'expérience », *op. cit.*, p. 1724 (III, 13), ([…] notre esprit maladif […] traite et soi, et tout ce qu'il reçoit, tantôt avant, tantôt arrière, selon son être insatiable, vagabond et versatile […] »).
[105] « De l'inconstance de nos actions », *op. cit.*, p. 536 (II, 1).
[106] « Du pédantisme», *op. cit.*, p. 212 (I, 24), (« Si notre âme n'en va un meilleur branle, […] j'aimerais aussi cher que mon écolier eut passé le temps à jouer à la paume […] »).
[107] « De la vanité », *op. cit.*, p. 1505 (III, 9).

antithétiques ou paradoxaux qu'il peut impliquer n'est pas sans rappeler le balancement sceptique. A la manière des pyrrhoniens qui suspendent leur jugement, donnent un poids égal aux diverses opinions sur le monde et demeurent ainsi dans une isosthénie perpétuelle et tranquillisante, Montaigne tente de suspendre la fuite du temps par un voyage intérieur vers ces deux directions opposées que sont l'avenir et le passé. Il oscille continuellement entre ces deux univers temporels, dans une recherche permanente d'équilibre et en quête d'un état d'esprit sans troubles ni craintes face au temps qui s'écoule. Le but est de pallier l'angoisse du temps par l'ataraxie.

Aurions-nous finalement affaire à une approche sceptique du temps ? C'est ce que nous osons avancer ici et c'est ce qui constitue la seconde étape de la pensée montaignienne du temps.

Étape seconde

II. Approche sceptique du temps

1. Résurgences pyrrhoniennes

1.1. Au sujet du temps

Suite à la réaction initiale de Montaigne face au temps, la pensée de l'auteur se précise et se traduit donc par une approche consciemment pyrrhonienne du phénomène. C'est ce que nous laisse entendre l'essai où l'inscription du scepticisme est la plus marquante :

> Car c'est chose mobile que le temps, et qui apparaît comme en ombre, avec la matière coulante et fluante toujours, sans jamais demeurer stable ni permanente : à qui appartiennent ces mots, devant et après, et, a été, ou sera. Lesquels tout de prime face montrent évidemment, que ce n'est pas chose qui soit : car ce serait grande sottise et fausseté toute apparente,

de dire que cela soit, qui n'est pas encore en être, ou qui déjà a cessé d'être[108].

Outre les emprunts à Plutarque contenus dans les dernières pages de « L'Apologie de Raimond de Sebonde », ici les mots de Montaigne font aussi écho à Sextus Empiricus, principal transcripteur de la méthode pyrrhonienne, lequel soulève le caractère existant et non existant du temps, selon que nous l'appréhendons de manière phénoménale ou raisonnée[109]. Les deux phrases de ce passage mettent d'ailleurs en opposition ces deux perceptions différentes du temps. D'abord le temps est appréhendé du point de vue du paraître, comme étant quelque « chose » d'instable qui apporte mutation et changement à toute « matière » sur terre ; ensuite il est perçu de manière raisonnée et se révèle paradoxalement non existant. En effet, Montaigne attribue à cette « chose

---

[108] « Apologie de Raimond de Sebonde », *op. cit.*, p. 931 (II, 12).
[109] Sextus EMPIRICUS, *Esquisses pyrrhoniennes*, Paris : Editions du Seuil, Collection Points, 1997, p. 443 : « En effet, pour autant que l'on s'en tient aux apparences, il semble que le temps existe, mais pour autant que l'on considère les raisonnements qui le concernent, il apparaît non existant ».

mobile » qu'est le temps les mots « devant » et « après », « a été » et « sera », c'est-à-dire le passé et l'avenir. Or le passé et l'avenir n'ont d'existence que dans notre esprit car concrètement le passé s'est déjà produit et « a [donc] cessé d'être » et l'avenir ne s'est pas encore produit et « n'est [donc] pas encore en être ». Le passé et l'avenir n'existant pas réellement, le temps, composé de ceux-ci, n'existe pas non plus. La voix de Pyrrhon se fait à nouveau entendre ici par le biais du texte sextusien :

> Si le temps existe, il est soit engendré et corruptible, soit inengendré et incorruptible. Or il n'est pas inengendré et incorruptible, s'il est vrai que de lui quelque chose est dit passé et ne plus exister, et quelque chose de lui est dit futur et ne pas encore exister. [148] Mais il n'est pas non plus générable et corruptible ; en effet les choses qui naissent doivent naître de quelque chose qui existe, et les choses qui sont détruites doivent être détruites en quelque chose d'existant, selon les hypothèses des dogmatiques eux-mêmes. Si donc <le temps> est détruit dans le passé, il est détruit en quelque chose de non existant, et s'il est engendré à partir du futur, il est engendré d'un non-existant. Mais il est absurde de dire que quelque chose est

engendré d'un non-existant ou se corrompt en un non-existant. Le temps n'est donc pas engendré et corruptible. Mais s'il n'est ni inengendré et incorruptible, ni engendré et corruptible, il n'est absolument pas[110].

Le raisonnement n'est certes pas repris tel quel par Montaigne, mais la partition du temps en passé et futur, soit deux inexistants, se trouve bel et bien empruntée. Tout semble ainsi conduire à l'inexistence du temps car « ce qui est composé de choses non existantes est non existant »[111].

Mais bien que tout indique la non-existence du temps, celui-ci manifeste malgré tout son existence par ses effets concrets sur la nature et les choses :

Mutat enim mundi naturam totius ætas,
Ex alioque alius status excipere omnia debet,
Nec manet ulla sui similis res, omnia migrant,
Omnia commutat natura et vertere cogit.
[Car le temps modifie la nature du monde entier, et toutes choses vont

---

[110] *Ibid.*, pp. 446-447.
[111] *Ibid.*, p. 449.

nécessairement d'un état à un autre. Rien ne demeure semblable à soi, tout passe, la nature transforme et fait changer toutes choses.]¹¹²

Malgré l'inexistence raisonnée du temps, le passage de « toutes choses » du monde « d'un état à un autre » résulte tout de même du phénomène du temps. Sextus Empiricus ne réfute d'ailleurs pas non plus cet état de fait en déclarant que « le temps n'existe pas sans mouvement »[113] : étant entendu que le mouvement existe, du moins en apparence[114], et que selon Montaigne il caractérise l'être de l'homme et de la nature[115], le temps devrait donc lui aussi exister.

Ces deux conclusions diamétralement opposées au sujet du temps nous mènent donc dans une impasse

---

[112] « Apologie de Raimond de Sebonde », *op. cit.*, p. 930 (II, 12) ; vers latins de Lucrèce, V, 828-831.
[113] Sextus EMPIRICUS, *op. cit.*, p. 445.
[114] Sextus EMPIRICUS, *op. cit.*, p. 403 : « [...] pour autant qu'on s'en tienne aux apparences il semble y avoir du mouvement [...] ».
[115] « De l'affection des pères aux enfants », *op. cit.*, p. 613 : « [...] nous avons cher, être, et être consiste en mouvement et action » ; « être » est décliné ici dans le sens d'exister, ainsi que nous l'indique aussi une note de bas de page dans notre édition de travail.

intellectuelle, une aporie. Cette dynamique antithétique propre au discours sceptique confronte deux points de vue différents et leur donne un poids égal : le temps existe et n'existe pas. La loi de non-contradiction est ainsi contrecarrée. Le but de ce procédé typiquement pyrrhonien consiste en la destruction des prétentions à la connaissance au profit d'une suspension du jugement et de l'équilibre entre les différentes opinions [116]. L'assertion doit être évitée et remplacée par le doute sceptique. Toute présomption à un savoir ou à un jugement qui se voudrait exclusif se trouve ainsi invalidée. Sextus Empiricus précise d'ailleurs qu' « il ne nous sera pas possible de rien assurer sur le temps »[117] et Montaigne le rejoint sur ce point en nous présentant deux visions contraires du temps, dont aucune ne peut être exclue au profit de l'autre. Cet effet de pensée sur le

---

[116] Sextus EMPIRICUS, *op. cit.*, p. 57 : « Le scepticisme est la faculté de mettre face à face les choses qui apparaissent aussi bien que celles qui sont pensées, de quelque manière que ce soit, capacité par laquelle, du fait de la force égale qu'il y a dans les objets et les raisonnements opposés, nous arrivons d'abord à la suspension de l'assentiment, et après cela à la tranquillité ».
[117] *Ibid.*, p. 445.

temps, bien qu'impliquant cette isosthénie, cet équilibre entre positions opposées, ne conduit pourtant pas encore Montaigne à ce but ultime qu'est l'ataraxie, l'absence de troubles. Au contraire, ces effets de pensée échappant aux lois logiques et acheminant vers tous les possibles ne font qu'accentuer cette angoisse vertigineuse face aux incertitudes du monde en général et face aux mystères du temps en particulier.

1.2. Au sujet du présent

Outre ces considérations sur le temps, Montaigne évoque aussi le présent :

> Les Stoïciens, qu'il n'y a point de temps présent, et que ce que nous appelons présent, n'est que la jointure et assemblage du futur et du passé[118].

---

[118] « Apologie de Raimond de Sebonde », *op. cit.*, p. 929 (II, 12) ; d'après Plutarque, *Des communes conceptions contre les Stoïques*, XLII, f. 586.

Certes Montaigne fait ici explicitement référence à une théorie stoïcienne, mais celle-ci semble néanmoins l'interpeller et concorder avec la pensée pyrrhonienne :

> Si, effectivement, le temps présent existe il est soit indivisible, soit divisible. Or il n'est pas indivisible ; c'est en effet dans le temps présent qu'on dit que les choses qui changent changent, et on ne change pas dans un temps sans parties [...]. De sorte que le temps présent ne sera pas indivisible. [145] Mais il n'est pas non plus divisible ; en effet il ne peut pas être divisé en présents, puisque, du fait du flux impétueux des choses qui sont dans l'univers, on dit que le présent se change imperceptiblement en passés. Mais il ne peut pas non plus être divisé en passés et futurs ; en effet ils seront non existants, l'une de ses parties n'étant plus et l'autre n'étant pas encore. [146] De là vient aussi que le présent ne peut pas être le terme du passé et le commencement du futur, puisque à la fois il serait et ne serait pas : il existera en tant que présent et n'existera pas puisque ses parties n'existent pas. Donc il ne sera pas non plus divisible. Mais si le présent n'est ni indivisible ni divisible, il n'existe pas non plus[119].

---

[119] Sextus EMPIRICUS, *op. cit.*, p. 449.

En tant que « jointure et assemblage du futur et du passé » ou « terme du passé et [...] commencement du futur », le présent ne peut exister, du fait de la non-existence de « ses parties ». C'est pourquoi le texte sextusien dit que « le présent ne peut pas être » cela, car étant cela, il ne serait pas, il n'existerait pas. Et s'il « ne peut pas être » cela, c'est parce que comme pour le temps, les apparences indiquent que le présent existe : « c'est en effet dans le temps présent qu'on dit que les choses qui changent changent ». Et Montaigne de le souligner aussi :

> Et quant à ces mots, présent, instant, maintenant ; par lesquels il semble que principalement nous soutenons et fondons l'intelligence du temps, la raison le découvrant, le détruit tout sur-le-champ : car elle le fend incontinent, et le partit en futur et en passé : comme le voulant voir nécessairement départi en deux[120].

---

[120] « Apologie de Raimond de Sebonde », *op. cit.*, p. 931 (II, 12) ; remarquons qu'un note de bas de page dans l'édition Villey-Saulnier nous informe que le pronom personnel « le » signifie « cela » et qu'il renvoie au temps. Ce n'est donc pas le présent que « la raison [...] partit en futur et passé », mais bel et bien le temps.

Nous avons ici à nouveau la même construction antithétique que précédemment pour le temps[121]. D'abord le présent « semble » fonder « l'intelligence du temps », en ce sens qu'il apparaît comme la première donnée du réel, c'est-à-dire le lieu ou plutôt le seul temps de l'expérience et de l'action humaine : l'homme vit et agit, vraisemblablement du moins, dans le présent. Mais l'expression modalisante « il semble que », propre au régime langagier sceptique, sous-entend un doute à ce sujet, doute qui se voit confirmé par le constat raisonné de la partition du temps « en futur et en passé ». Cette partition exclut le présent, lequel se voit ainsi évincé du temps ; le présent disparaît, rattrapé par le futur ou absorbé par le passé : à chaque moment il n'est pas encore et dès qu'il est il n'est plus. Naviguant sans cesse entre avenir et passé, il cesse d'être à tout moment. Il balance d'un non-être à l'autre, sans jamais se fixer, sans jamais se stabiliser. Le présent est donc inaccessible et nous comprenons pourquoi Montaigne ne parvient pas à

---

[121] Cf. *supra* (II. 1.1. Au sujet du temps).

le saisir ou à s'y maintenir. Ce dernier est entraîné par l'instant présent dans sa fuite vers le passé ou dans sa projection vers l'avenir, dans un ballottement continuel et déstabilisant. L'auteur tente désespérément de s'agripper à ce présent qui irrémédiablement disparaît dans ces deux néants que sont l'avenir et le passé. Il vogue ainsi vers ces deux dimensions temporelles qui n'ont de réalité que dans son esprit, sans jamais atteindre ce présent fuyant susceptible de lui apporter l'ataraxie.

2. L'être

2.1. Le présent en tant qu'être

Si le présent est susceptible d'apporter l'ataraxie, c'est parce que le véritable présent se définit par ce qui est, c'est-à-dire par ce qui est constamment en être, par ce qui est toujours, sans jamais subir ni altération ni changement :

> Mais qu'est-ce donc qui est véritablement ? ce qui est éternel : c'est-à-dire, qui n'a jamais eu de naissance, ni n'aura jamais fin, à qui le temps n'apporte jamais aucune mutation. [...] Par quoi il faut conclure que Dieu seul est, non point selon aucune mesure du temps, mais selon une éternité immuable et immobile, non mesurée par temps, ni sujette à aucune déclinaison : devant lequel rien n'est, ni ne sera après, ni plus nouveau ou plus récent ; ains un réellement étant, qui par un seul maintenant emplit le toujours, et n'y a rien, qui véritablement soit, que lui seul : sans qu'on puisse dire, il a été, ou, il sera, sans commencement et sans fin[122].

Ainsi l'être véritable est divin, il est un « maintenant [qui] emplit le toujours », c'est-à-dire un être qui se maintient, qui jamais ne change ni ne varie, qui reste constamment dans une fixité identique, invariable, « immuable », qui est toujours présent. En cela il se situe hors du temps car ni le passé ni l'avenir, qui sont les parties du temps, n'ont de prise ou de sens chez lui :

---

[122] « Apologie de Raimond de Sebonde », *op. cit.*, pp. 931-932 (II, 12).

« devant [lui] rien n'est, ni ne sera après ». L'être véritable est continuellement présent, il demeure constamment en être, il est un « réellement étant » ; il est, il ne passe pas. Sa place se trouve dans cette intemporalité nommée « éternité ». L'instant présent, dans sa constance éternelle, ne peut donc exister humainement et c'est pourquoi Montaigne, dans son « humaine condition »[123], ne parvient pas à le saisir:

> [...] étant hors de l'être, nous n'avons aucune communication avec ce qui est[124].

« L'être » demeure inaccessible à l'homme car ce dernier existe et vit dans la temporalité :

> Nous n'avons aucune communication à l'être, parce que toute humaine nature est toujours au milieu, entre le naître et le mourir, ne baillant de soi qu'une obscure

---

[123] « Du repentir », *op. cit.*, p. 1256 (III, 2) : « Chaque homme porte la forme entière, de l'humaine condition ».
[124] « Nos affections s'emportent au-delà de nous », *op. cit.*, p. 67 (I, 3).

apparence et ombre, et une incertaine et débile opinion[125].

L'homme existe « entre le naître et le mourir », dans cet intervalle temporel, dans ce « milieu » où tout n'est qu' « apparence ». Rien n'y est constant, univoque et permanent. Rien n'est véritablement :

> [...] ce qui commence à naître, ne parvient jamais jusques à perfection d'être. Pour autant que ce naître n'achève jamais, et jamais n'arrête, comme étant à bout, ains depuis la semence, va toujours se changeant et muant d'un à autre[126].

Le présent véritable n'a pas sa place dans ce monde où tout change, « tout coule » et où tout est « incertain ».

2.2. L'inconstance humaine et le présent insaisissable

---

[125] « Apologie de Raimond de Sebonde », *op. cit.*, pp. 928-929 (II, 12).
[126] « Apologie de Raimond de Sebonde », *op. cit.*, pp. 930 (II, 12).

L'homme, de par sa condition temporelle, ne peut accéder à l'être, à ce qui est et « à qui le temps n'apporte jamais aucune mutation » car il vit dans un monde où tout est instable, changeant, « divers et ondoyant » et qui ne lui permet donc pas d'atteindre cet état de constance apaisant, propre à l'instant présent :

> Le monde n'est qu'une branloire pérenne : Toutes choses y branlent sans cesse, la terre, les rochers du Caucase, les pyramides d'Ægypte : et du branle public, et du leur[127].

Le « branle » du « monde » et des « choses » atteint inévitablement l'homme aussi :

> Finalement, il n'y a aucune constante existence, ni de notre être, ni de celui des objets : Et nous, et notre jugement, et toutes choses mortelles, vont coulant et roulant sans cesse : Ainsi il ne se peut établir rien de certain de l'un à l'autre, et le jugeant, et le jugé, étant en continuelle mutation et branle[128].

---

[127] « Du repentir », *op. cit.*, p. 1255 (III, 2).
[128] « Apologie de Raimond de Sebonde », *op. cit.*, p. 928 (II, 12).

L'homme et les choses étant « en continuelle mutation et branle », il en découle une incertitude humaine générale. En effet, le monde étant sans cesse en mouvement, il parvient à notre intelligence de manière multiple et diverse, selon le point de vue que nous adoptons. Tout n'est qu'apparence et nos sens ne peuvent déceler le vrai du faux :

> Or notre état accommodant les choses à soi, et les transformant selon soi, nous ne savons plus quelles sont les choses en vérité, car rien ne vient à nous que falsifié et altéré par nos sens. […] L'incertitude de nos sens rend incertain tout ce qu'ils produisent[129].

Le monde apparent appréhendé par les sens humains devient interprétable à l'infini. L'homme ne peut se déterminer une fois pour toutes sur les choses du monde, balançant sans cesse d'une opinion à l'autre, d'un point de vue à son contraire :

---

[129] *Ibid.*, p. 926 (II, 12).

> [...] l'irrésolution me semble le plus commun et apparent vice de notre nature ; [...] De vrai, j'ai autrefois appris, que le vice, n'est que dérèglement et faute de mesure ; et par conséquent, il est impossible d'y attacher la constance[130].

Ainsi l'irrésolution est un vice ; la constance, elle, ne peut pas être un vice, car le vice est « dérèglement et faute de mesure », ce que la constance n'est pas. La constance se situe plutôt du côté de la vertu :

> C'est un mot de Demosthenes, dit-on, que le commencement de toute vertu, c'est consultation [réflexion] et délibération, et la fin et perfection, constance[131].

Mais l'être humain est bien loin de cette constance vertueuse :

> Je crois des hommes plus malaisément la constance que toute autre chose, et rien plus aisément que l'inconstance[132].

---

[130] « De l'inconstance de nos actions », *op. cit.*, pp. 534, 535 (II, 1).
[131] *Ibid.*, p. 535 (II, 1).
[132] *Idem.*

Si l'homme et « toutes choses sont en fluxion, muance et variation perpétuelle »[133], il va de soi que l'immuabilité caractéristique du véritable instant présent ne peut être saisie :

> Et si de fortune vous fichez votre pensée à vouloir prendre son être, ce sera ni plus ni moins que qui voudrait empoigner l'eau : car tant plus il serrera et pressera ce qui de sa nature coule partout, tant plus il perdra ce qu'il voulait tenir et empoigner. Ainsi vu que toutes choses sont sujettes à passer d'un changement en autre, la raison qui y cherche une réelle subsistance, se trouve déçue, ne pouvant rien appréhender de subsistant et permanent[134].

« L'être » humain, contrairement à « l'être » divin, est de nature « coulante » ; le « subsistant » et le « permanent », soit l'être véritable dans son instantanéité permanente, demeurent insaisissables pour cette

---

[133] « Apologie de Raimond de Sebonde », *op. cit.*, p. 929 (II, 12).
[134] *Idem.*

« créature »[135] indécise, instable et « flottante » qu'est l'homme :

> Nous flottons entre divers avis : nous ne voulons rien librement, rien absolument, rien constamment[136].

Notons encore cette image de l'eau, chère à Montaigne : si l'être en tant que présence immobile et invariable existe divinement, cet être n'existe pas humainement car l'homme ainsi que « toutes choses mortelles » sont comme l'eau, « coulant et roulant sans cesse » ; et « ce qui de sa nature coule partout » ne peut être saisi, « tenu » et « empoigné ». Tout comme l'eau s'échappe du creux des mains, la constance échappe à toute pensée qui tente de la saisir. L'homme est comme le cours d'eau qui reste toujours un cours d'eau, mais qui ne voit jamais la même eau s'écouler : « jamais homme n'[est] deux

---

[135] « Apologie de Raimond de Sebonde », *op. cit.*, p. 710 (II, 12) : « La plus calamiteuse et fragile de toutes les créatures c'est l'homme, et quant et quant, la plus orgueilleuse ».
[136] « De l'inconstance de nos actions », *op. cit.*, p. 537 (II, 1).

fois entré en même rivière »[137]. Le champ lexical de l'écoulement revient fréquemment dans les *Essais*. Montaigne utilise « cette […] image du monde, qui coule pendant que nous y sommes »[138] et en déduit que « toute matière est coulante et labile »[139]. L'homme « flotte » avec le monde, il est entraîné dans son mouvement, il navigue d'un port à l'autre, sans jamais accoster définitivement :

> La vie est un mouvement matériel et corporel : action imparfaite de sa propre essence, et déréglée : Je m'emploie à la servir selon elle[140].

2.3. Une inconstance sceptique

L'âme montaignienne n'échappe évidemment pas à cette diversité déconcertante propre aux choses terrestres :

---

[137] « Apologie de Raimond de Sebonde », *op. cit.*, p. 929 (II, 12).
[138] « Des coches », *op. cit.*, p. 1422 (III, 6).
[139] « Apologie de Raimond de Sebonde », *op. cit.*, p. 929 (II, 12).
[140] « De la vanité », *op. cit.*, p. 1540 (III, 9).

> Non seulement le vent des accidents me remue selon son inclination : mais en outre, je me remue et trouble moi-même par l'instabilité de ma posture ; et qui y regarde primement, ne se trouve guère deux fois en même état. Je donne à mon âme tantôt un visage, tantôt un autre, selon le côté où je la couche[141].

L'âme de Montaigne, dans une zététique continuelle, adopte tantôt un visage tantôt un autre, évitant ainsi tout dogmatisme prétentieux. Ce double visage, qui répond à la diversité du monde, est un thème récurrent dans les *Essais*. Ici il est accentué par le déterminant numéral cardinal « deux » ainsi que par le double emploi de l'adverbe « tantôt ». Ailleurs nous pouvons lire encore :

> Moi à cette heure, et moi tantôt, sommes bien deux[142].

Ce dualisme intérieur symbolise une recherche constante de la vérité et de la tranquillité, un mouvement incessant d'un « côté » et de l'autre de la balance pyrrhonienne. Toute chose est relative, tout savoir peut être remis en

---

[141] « De l'inconstance de nos actions », *op. cit.*, p. 539 (II, 1).
[142] « De la vanité », *op. cit.*, p. 1505 (III, 9).

cause. « Que sais-je ? » est la question que se pose continuellement Montaigne et qu'il « porte à la devise d'une balance »[143] symbolisant le doute et la quête sceptiques.

Montaigne ne peut donc pas se fixer, s'accrocher à un état spirituel stable et permanent. Il demeure dans une irrésolution, une incertitude et une inconstance perpétuelles :

> Si mon âme pouvait prendre pied, je ne m'essaierais pas, je me résoudrais[144].

Le navire spirituel montaignien suit le mouvement des vagues et balance d'un côté ou de l'autre, dans une description plurielle des visages du monde et de soi :

> Oui ; je le confesse : Je ne vois rien seulement en songe, et par souhait, où je me puisse tenir : La seule variété me paie, et la possession de la diversité : au moins si quelque chose me paie[145].

---

[143] « Apologie de Raimond de Sebonde », *op. cit.*, p. 821 (II, 12).
[144] « Du repentir », *op. cit.*, p. 1256 (III, 2).
[145] « De la vanité », *op. cit.*, p. 1540 (III, 9).

3. Le passage

3.1. La peinture du passage

L'être véritable, en tant que présence immuable, demeure insaisissable chez Montaigne. Il ne peut que constater la réalité de ce qui « coule » d'un état à un autre, autrement dit de ce qui passe :

> Je ne peins pas l'être, je peins le passage[146].

Nous savons que Montaigne est lui-même « la matière de [s]on livre » : « c'est moi que je peins », déclare-t-il dans son avis « Au Lecteur ». Cela est confirmé par la suite à plusieurs reprises, comme par exemple :

> Ce ne sont mes gestes que j'écris ; c'est moi, c'est mon essence[147].

---

[146] « Du repentir », *op. cit.*, p. 1256 (III, 2).
[147] « De l'exercitation », *op. cit.*, p. 604 (II, 6).

Or l'« essence » de Montaigne est « trouble », « chancelante », « labile » et changeante, de sorte que ce n'est pas une « essence » qui « soit » ou qui « est » véritablement :

> [...] ce qui souffre mutation ne demeure pas un même : et s'il n'est pas un même, il n'est donc pas aussi[148].

Montaigne ne demeurant jamais « un même », « il n'est donc pas » non plus. Il ne peut peindre « l'être » montaignien en tant qu'être permanent, immuable et stable, car il ne possède pas cet être, cette présence pure « qui par un seul maintenant emplit le toujours ». « Dieu seul est ». Montaigne, lui, n'est pas ; il passe.

La construction antithétique de la phrase « Je ne peins pas l'être, je peins le passage » met en opposition essentiellement deux concepts, à savoir « l'être » et « le passage ». Si Montaigne ne peint pas l'être, il peint son

---

[148] « Apologie de Raimond de Sebonde », *op. cit.*, p. 931 (II, 12).

contraire, le passage. Et sachant que l'être est extratemporel, le passage est forcément temporel :

> Au moyen de quoi ce serait péché de dire de Dieu, qui est le seul qui est, qu'il fut ou il sera : car ces termes-là sont déclinaisons, passages, ou vicissitudes de ce qui ne peut durer, ni demeurer en être[149].

Le « passage », désigné par les verbes conjugués « il fut » et « il sera », est donc « déclinaison », changement et non-être. Or « il fut » et « il sera » caractérisent aussi le temps, comme nous l'avons vu précédemment : « c'est chose mobile que le temps, […] à qui appartiennent ces mots, devant et après, et, a été, ou sera ». Passé et avenir composent donc le temps et le passage, de sorte que le temps et le passage ne font qu'un. D'ailleurs, ne parle-t-on pas du temps qui passe, ou encore du passage du temps ?

---

[149] *Idem.*

Ainsi, Dieu étant le seul « qui est » et « à qui le temps n'apporte jamais aucune mutations », l' « essence » de l'homme n'est pas d'être, mais de passer, comme le temps. Montaigne peint donc son « essence » intrinsèquement mobile, variable et temporelle, « essence » qui concerne la nature tout entière également :

> Autant en advient-il à la nature, qui est mesurée, comme au temps, qui la mesure : car il n'y a non plus en elle rien qui demeure, ni qui soit subsistant, ains y sont toutes choses ou nées, ou naissantes, ou mourantes[150].

Nous avons vu précédemment que « le temps modifie la nature du monde entier » et que « rien n['y] demeure semblable à soi, [que] tout passe ». C'est en ce sens que le temps « mesure » la nature ; il la rend changeante, diverse et mouvante ; « toutes choses sont sujettes à passer d'un changement en autre », relevions-nous

---

[150] *Idem.*

encore plus haut. L'emploi du verbe « passer » souligne le thème du passage.

Montaigne admet donc l'existence du temps. Cette conclusion s'élève ainsi en contradiction avec ce qui a été dit précédemment, dans le sens où il est affirmé que le temps « mesure » la nature, alors même que nous avions abouti à une suspension de jugement au sujet du temps[151]. Montaigne tombe dans le piège de l'assertion. Ceci dit, ce procédé de l'antipéristase ne réfute pas forcément la position sceptique montaignienne, dans le sens où ce revirement de pensée peut être interprété comme une mise en doute du discours sceptique lui-même et peut se situer ainsi dans le prolongement du scepticisme pyrrhonien, et non dans une contradiction. En effet, le véritable sceptique ne se plie à aucun dogme et va ainsi jusqu'à douter des principes mêmes du scepticisme, affirmant par là son authentique esprit pyrrhonien.

---

[151] Cf. *supra* (II. 1.1. Au sujet du temps).

3.2. Le temps double

Bien que Montaigne appréhende le temps de manière subjective, ainsi que nous l'avons vu dans la première partie de cet « essai », il reste cependant tout à fait conscient du passage du temps et de ses effets sur les « choses » du monde. Le temps est donc double : d'une part ce temps qui n'existe que dans l'esprit de l'auteur et qui est composé de ces deux néants que sont l'avenir et le passé vers lesquels Montaigne ne cesse de balancer ; d'autre part ce temps destructeur qui fait passer toute chose d'un état à un autre et qui achemine tout être vivant vers sa mort certaine :

> La fleur d'âge se meurt et passe quand la vieillesse survient : et la jeunesse se termine en fleur d'âge d'homme fait : l'enfance en la jeunesse : et le premier âge meurt en l'enfance : et le jour d'hier meurt en celui du jourd'hui, et le jourd'hui mourra en celui de demain : et n'y a rien qui demeure, ni qui soit toujours un[152].

---

[152] « Apologie de Raimond de Sebonde », *op. cit.*, p. 930 (II, 12).

Remarquons la très belle construction phrastique qu'élabore Montaigne ici pour représenter le mouvement de la vie humaine de sa naissance à son trépas : l'auteur part de l'âge adulte, c'est-à-dire de « la fleur d'âge » et s'élance vers « la vieillesse » ; puis il remonte le temps jusqu'à la « jeunesse » et retourne à la « fleur d'âge » ; ensuite il recule jusqu'à « l'enfance » pour rejoindre à nouveau « la jeunesse » ; et finalement il recule jusqu'au « premier âge » pour s'élancer derechef vers « l'enfance ». Ce mouvement en zigzag, en aller et retour d'un temps à l'autre rappelle fortement le va-et-vient intérieur montaignien vers le passé et l'avenir. Notons aussi l'utilisation du verbe « passer » qui figure l'écoulement du temps et qui renvoie une fois encore au thème du passage. Chaque période de la vie humaine est effectivement sujette à s'écouler, à décliner et à passer vers autre chose. Chaque journée « meurt » et laisse la place à une autre, dans un mouvement temporel incessant :

> La vie est un mouvement inégal, irrégulier, et multiforme[153].

La vie est mouvante car elle est conditionnée par cette « chose mobile » qu'est le temps et qui apporte partout « mutation », « branle » et « déclinaison ».

Au temps subjectif, intérieur et psychologique montaignien s'oppose donc le temps objectif, extérieur et physique.

3.3. La peinture du « pas sage »

Nous sommes tentés de dire que peindre le « passage », c'est aussi en quelque sorte peindre le « pas sage ». En effet, Montaigne ne peint pas son « moi » en tant qu'« être » permanent et stable, mais il peint son « moi » en tant qu' « essence » temporelle, passagère et instable. Et cette « essence » montaignienne, toute changeante et mouvante, se trouve donc bien loin d'un état d'immutabilité propre à la sagesse :

---

[153] « De trois commerces », *op. cit.*, p. 1278 (III, 3).

> La relation, et la conformité [l'harmonie et l'homogénéité], ne se trouvent point en telles âmes que les nôtres, basses et communes. La sagesse est un bâtiment solide et entier, dont chaque pièce tient son rang et porte sa marque. *Sola sapientia in se tota conuersa est* [Seule la sagesse se convertit toute en soi.] Je laisse aux artistes, et ne sais s'ils en viennent à bout, en chose si mêlée, si menue et fortuite, de ranger en bandes, cette infinie diversité de visages : et arrêter notre inconstance et la mettre par ordre[154].

Métaphoriquement définie, la sagesse se présente donc effectivement comme un état spirituel stable et constant. Or nos « âmes », de par leur « infinie diversité de visages », rendent notre « essence » humaine fondamentalement inconstante et inhibent ainsi l'accès à la sagesse :

> Nous n'avons garde d'être gens de bien selon Dieu : nous ne le saurions être selon nous. L'humaine sagesse, n'arriva jamais aux devoirs qu'elle s'était elle-même prescrit : Et si elle y était arrivée, elle s'en

---

[154] « De l'expérience », *op. cit.*, p. 1676 (III, 13) ; citation latine de Cicéron, *De finibus*, III, 7.

prescrirait d'autres au-delà, où elle aspirât toujours et prétendît : Tant notre état est ennemi de consistance [stabilité][155].

Montaigne ne parvient pas à se peindre en « un certain et assuré train, qui est le principal but de la sagesse »[156]. La sagesse se manifestant dans un état de constance perpétuelle, elle ne peut donc être possédée que par Dieu, car il est « le seul qui est ».

4. Le temps mouvant

Nous avons vu que selon Françoise Joukovsky, Montaigne, dans un premier temps, conquiert l'instant présent par la constance stoïcienne[157] ; elle se rétracte ensuite au cours du livre II :

---

[155] « De la vanité », *op. cit.*, pp. 1543-1544 (III, 9).
[156] « De l'inconstance de nos actions », *op. cit.*, p. 535 (II, 1).
[157] Françoise JOUKOVSKY, *op. cit.*, p. 104 : « A l'exemple de Sénèque et de Marc-Aurèle, Montaigne avait pensé que le propre de l'homme, malgré les métamorphoses que lui impose sa condition

> Dans le premier livre des *Essais*, le temps réel était le présent, tel que le sage le possède. Dans le second livre, le présent est une sorte de plongeoir, qui semble constituer un point fixe, mais qui vogue sur le mouvant[158].

« L'instant n'est [...] plus reconquis par la constance »[159], admet Françoise Joukovsky. Nos avis se rejoignent donc ici, à ceci près que nous avançons l'idée d'un temps appréhendé de manière pyrrhonienne.

Pour le sceptique, tout accès aux choses n'est que production arbitraire de notre esprit et de nos sens. Le substantif « fantaisies »[160] utilisé par Montaigne pour désigner ses chapitres et leur contenu souligne bien cet aspect, dans le sens où l'auteur ne produit que des « fantaisies » subjectives. Le temps est d'emblée lui aussi appréhendé de manière personnelle par Montaigne : il est

---

temporelle, est de conquérir l'instant en pleine propriété, grâce à la constance ».
[158] *Ibid.*, p. 141.
[159] *Ibid.*, p. 112.
[160] « De la vanité », *op. cit.*, p. 1549 (III, 9) : « Mes fantaisies se suivent : mais parfois c'est de loin : et se regardent, mais d'une vue oblique ».

rendu réversible et s'avère être cette « chose mobile » et discontinue ressemblant à ce Montaigne sceptique qui inscrit le doute partout, qui se rétracte perpétuellement et qui jamais ne fixe ses pensées et attitudes intellectuelles, ceci toujours dans une quête de félicité et de vérité, une quête de soi.

Étape ultime

III. Saisie de l'instant

1. L'instant humain

1.1. Le temps de l'expérience

A ce stade de notre étude, nous constatons que la quête montaignienne de l'instant présent paraît compromise. La constance permettrait de saisir l'instant, mais elle demeure une utopie pour l'homme. La « tranquillité » de l'âme semble bien loin de Montaigne encore. Pourtant, tous les critiques avancent la même conclusion, à savoir la saisie du moment présent par Montaigne[161]. Et Françoise Joukovsky de finalement confirmer aussi :

---

[161] Cf., *supra*, notre introduction.

> Dans le troisième livre, Montaigne ne tente pas d'expliquer ce mystère de la vie [le présent] ; il le reconnaît […].
> Il se borne à collaborer avec la nature en respectant la diversité et la souplesse de cette évolution. […] Il préfère saisir ce qu'apporte l'instant, sans règles préconçues […][162].

Les derniers chapitres des *Essais* tendent effectivement à corroborer cette déclaration :

> On peut regretter les meilleures temps : mais non pas fuir aux présents : on peut désirer autres magistrats, mais il faut ce nonobstant, obéir à ceux ici[163] ;

> Prenons, surtout les vieillards : prenons le premier temps opportun qui nous vient. Laissons aux faiseurs d'almanachs les espérances et les pronostics. L'extrême fruit de ma santé, c'est la volupté : tenons-nous à la première présente et connue[164] ;

> Quand je danse, je danse : quand je dors, je dors. Voire, et quand je me promène solitairement en un beau verger, si mes

---

[162] Françoise JOUKOVSKY, *op. cit.*, p. 182.
[163] « De la vanité », *op. cit.*, p. 1549 (III, 9).
[164] « De l'expérience », *op. cit.*, p. 1720 (III, 13).

> pensées se sont entretenues des occurrences étrangères quelque partie du temps : quelque autre partie, je les ramène à la promenade, au verger, à la douceur de cette solitude, et à moi[165].

Montaigne aurait-il enfin atteint cet idéal de constance qui lui permettrait de saisir l'instant présent ? Certes non, le troisième livre n'infirmant en rien le caractère utopique de la constance humaine :

> Moi, qui me vante d'embrasser si curieusement les commodités de la vie, et si particulièrement : n'y trouve, quand j'y regarde ainsi finement, à peu près que du vent. Mais quoi ? nous sommes partout vent. Et le vent encore, plus sagement que nous s'aime à bruire, à s'agiter : Et se contente en ses propres offices : sans désirer la stabilité, la solidité, qualités non siennes[166].

Montaigne est toujours aussi « versatile », « divers » et « ondoyant » ; « la stabilité », comme pour le vent, demeure une propriété « non sienne ». Malgré tout, Montaigne semble bel et bien avoir conquis l'instant

---
[165] *Ibid.*, pp. 1726 (III, 13).
[166] *Ibid.*, *op. cit.*, p. 1725 (III, 13).

présent, ou tout du moins un semblant d'instant présent. En effet, l'instant est ici appréhendé en tant que première donnée du réel, c'est-à-dire en tant que moment de l'expérience humaine, en tant que concept par lequel « il semble que principalement nous soutenons et fondons l'intelligence du temps » :

> L'instant n'a qu'une existence virtuelle, et souvent ne parvient pas à éclore, faute de notre attention. [...] Il est notre présence au monde et à nous-même, et un rapport, plus ou moins direct, selon notre aptitude, et qui parfois ne s'établit pas en pleine conscience : alors l'instant avorte[167].

L'instant étant défini dans ce sens, nous ne pouvons que nous plier aux propos de Françoise Joukovsky. En tant que « contact direct avec l'objet »[168] et le monde, l'instant ne se conquiert plus par la constance, mais par la « pleine conscience » de ce bref laps de temps qui constitue notre « présence au monde » :

---

[167] Françoise JOUKOVSKY, *op. cit.*, p. 200.
[168] *Ibid.*, p. 214.

> Possède l'instant celui qui le vit en pleine conscience au lieu de le « passer »[169].

Montaigne, dans les dernières années de sa vie, semble effectivement accepter l'instant présent en tant que moment de l'expérience humaine et il en mesure toute l'importance :

> Le glorieux chef-d'œuvre de l'homme, c'est vivre à propos[170].

« Montaigne deviendrait simple, univoque, résolu. Est-ce croyable ? », s'interroge Antoine Compagnon dans son article sur l'écriture de l'instant dans les *Essais*[171], suite à cette « morale de l'instant »[172] communément admise par

---

[169] *Ibid.*, p. 242.
[170] « De l'expérience », *op. cit.*, p. 1727 (III, 13).
[171] Antoine COMPAGNON, « L'écriture de l'instant dans les "Essais" », in *Montaigne. 1588-1998, Revue d'Histoire Littéraire de la France*, LXXXVIII, 5, septembre-octobre 1998, p. 841.
[172] *Ibid.*, p. 839.

les critiques [173]. Vingt-six ans plus tôt, Françoise Joukovsky répond déjà à cette question :

> De façon plus générale, Montaigne éprouve une nostalgie de l'innocence et surtout de la liberté premières [...]. Le troisième livre des *Essais* est l'effort le plus subtil pour surprendre quelque trace de cette simplicité, que Montaigne a perdue par déformation séculaire due aux coutumes de sa classe, par inquiétude personnelle et par abus de culture. D'où le recours à l'expérience, ce contact premier avec le monde ; l'effort pour s'abandonner naïvement au présent [...][174].

Il semble en effet que Montaigne s'éloigne quelque peu des considérations métaphysiques sur le temps, pour finalement accepter la réalité de notre expérience temporelle, telle quelle, « sans règles préconçues ». Il suit « naïvement » la nature, ultime moyen pour retrouver un état de bonheur et de sérénité :

---

[173] *Ibid.*, pp. 840-841 : « De Lanson à Thibaudet, Friedrich et Poulet, nul ne paraît douter du sens et de la sagesse des *Essais* sur leur fin. Rappelant le *Carpe diem* d'Horace, la jouissance de l'instant devient un art de vivre, une esthétique de la vie [...] ».
[174] Françoise JOUKOVSKY, *op. cit.*, p. 208.

> J'ai un dictionnaire tout à part moi : je passe le temps, quand il est mauvais et incommode ; quand il est bon, je ne le veux pas passer, je le retâte, je m'y tiens. Il faut courir le mauvais, et se rasseoir au bon. Cette phrase ordinaire de passe-temps, et de passer le temps, représente l'usage de ces prudentes gens, qui ne pensent point avoir meilleur compte de leur vie, que de la couler et échapper : de la passer, gauchir, et autant qu'il est en eux, ignorer et fuir ; comme chose de qualité ennuyeuse et dédaignable : Mais je la connais autre : et la trouve, et prisable et commode, voire en son dernier décours, où je la tiens [où je la possède maintenant] : Et nous l'a nature mise en main, garnie de telles circonstances et si favorables, que nous n'avons à nous plaindre qu'à nous, si elle nous presse [oppresse, pèse] ; et si elle nous échappe inutilement[175].

Le champ lexical de la saisie (« je le retâte », « je m'y tiens », « se rasseoir », « je la tiens », « mise en main ») exprime cette volonté de Montaigne de s'accrocher à cette fuyante réalité qui constitue notre présence au monde. L'auteur admet désormais univoquement le

---

[175] « De l'expérience », *op. cit.*, pp. 1732-1733 (III, 13).

présent comme le lieu ou plutôt le temps de notre existence. Seule une conscience accrue et éveillée de ce court moment en permet la saisie. Et cette saisie consciente du moment présent va de pair avec une jouissance de l'instant. Jouir de chaque moment de la vie, tel est l'art de vivre que propose Montaigne dans les dernières pages des *Essais*. Cette manière de vivre, par une conscience pleine et heureuse de chaque instant, procure joie et bonheur. L'instant n'est plus le temps de la constance, mais celui du plaisir et de la félicité. Le champ lexical du bien-être exprimé par les termes « bon », « prisable », « commode » et par l'expression « garnie de telles circonstances et si favorables » (en parlant de la vie) exprime ce contentement ressenti par l'auteur grâce à une vie saisie dans chacun de ses instants. Il n'est pas question pour Montaigne de laisser fuir le temps, de laisser sa vie « couler et échapper » ; proche de la fin de ses jours et affaibli par la maladie, l'important pour lui est désormais d'arrêter le temps, de s'y « tenir », de profiter de chaque « bon » moment de l'existence afin de ne pas la laisser « échappe[r] inutilement ». Aussi, critique-t-il âprement « ces prudentes gens » qui méprisent leur vie, qui la considèrent « comme chose de qualité ennuyeuse et dédaignable » et qui négligent le temps en le « passant » bêtement, en l' « ignorant », en le laissant « fuir » sans considération. L'homme est responsable de sa propre qualité de vie et c'est à lui d'appréhender le temps et la vie avec une conscience accrue afin d'en tirer joie et bonheur : « nous n'avons à nous plaindre qu'à nous, si elle nous presse ». Et Montaigne de poursuivre sa critique :

> Et encore ceux-ci plus près de moi, qui reçoivent si lâchement, et incurieusement leur bonne fortune. Ce sont gens qui passent voirement leur temps ; ils outrepassent le présent, et ce qu'ils possèdent, pour servir à l'espérance, et pour des ombrages et vaines images, que la fantaisie leur met au-devant […][176].

---

[176] *Ibid.*, p. 1734 (III, 13).

Pour Montaigne il est désormais primordial de ne pas « outrepasser » le présent, de ne pas l'éviter par d'illusoires représentations mentales (« espérances », « ombrages et vaines images ») qui le plongeraient hors du maintenant. L'essentiel pour lui est de s'agripper à l'instant actuel, afin d'apprécier sa brève mais néanmoins présente réalité. Et il y parvient, visiblement :

> Me trouvé-je en quelque assiette tranquille, y a-t-il quelque volupté qui me chatouille, je ne la laisse pas friponner aux sens ; j'y associe mon âme. Non pas pour s'y engager, mais pour s'y agréer ; non pas pour s'y perdre, mais pour s'y trouver. Et l'emploie de sa part, à se mirer dans ce prospère état, à en penser et estimer le bonheur, et l'amplifier[177].

Montaigne a finalement trouvé le moyen de parvenir à un « état » de tranquillité et de quiétude spirituelle : « penser et estimer le bonheur » de l'instant, soit prendre conscience et « se mirer » dans ce court mais

---

[177] *Idem.*

« prospère » moment de l'expérience humaine, et en intensifier les sentiments de joie et de plaisir ressentis.

Si Antoine Compagnon, exceptionnellement, émet un doute sur la thèse de la saisie de l'instant chez Montaigne et défend la contradictoire de celle-ci[178], nous nous rangeons quant à nous du côté des critiques qui soutiennent cette saisie de l'instant, parmi lesquels Françoise Joukovsky :

> Montaigne sait que l'instant par lui-même n'existe pas [...]. Mais Montaigne s'efforce malgré tout de le délimiter, et de le faire sien[179].

---

[178] Antoine COMPAGNON, *op. cit.*, p. 847 : « Est-ce que cette conception du temps correspond vraiment à un assentiment à l'instant ? Je ne crois pas [...] ». Antoine Compagnon dénonce une « lecture épicurienne, harmonieuse, réconciliatrice du finale des *Essais* » en arguant de « l'ironie, [et d]es paradoxes du texte » (*Ibid.*, p. 848) ; selon lui « l'instant demeure un temps impossible à l'homme, et rien dans les dernières pages du chapitre " De l'expérience " ne le présente autrement que comme une utopie, une réflexion, un récit » (*Ibid.*, p. 846).

[179] Françoise JOUKOVSKY, *op. cit.*, pp. 241-242.

Montaigne sait que le véritable présent demeure « l'éternel présent de l'être divin »[180] et que par conséquent, il reste inaccessible humainement. Mais il attribue tout de même « quelque réalité au présent »[181], par la jouissance du maintenant : « c'est le plaisir qui donne quelque épaisseur à l'instant »[182]. Ceci dit, en tant que « contact premier avec le monde », cet instant humain ne peut être qu'imparfait, de par sa temporalité. Ce moment instantané de l'expérience humaine est éphémère, instable et inconstant ; il ne fait que passer. Le présent divin est, véritablement ; le présent humain n'est pas, il passe. L'instant humain est donc instabilité et passage, en ce sens que, nous l'avons déjà mentionné, ce n'est plus la constance qui le délimite, mais l'inconstance. Car à vrai dire, « la constance même n'est autre chose qu'un branle plus languissant »[183] ! « Je ne peins pas l'être, je peins le passage », citions-nous de

---

[180] Françoise JOUKOVSKY, *op. cit.*, p. 211.
[181] *Ibid.*, p. 232.
[182] *Ibid.*, p. 242.
[183] « Du repentir », *op. cit.*, p. 1255 (III, 2).

l'auteur, précédemment. Montaigne ne tente pas de saisir l'instant par une improbable constance, mais il se « peint » au fil des instants, il saisit et énonce « non un passage d'âge en autre, ou comme dit le peuple, de sept en sept ans, mais de jour en jour, de minute en minute »[184]. La diversité du « moi » montaignien s'exprime grâce à la saisie successive des instants de la vie :

> Je le prends [mon objet] en ce point [moment], comme il est, en l'instant que je m'amuse à lui. [...] Il faut accommoder mon histoire à l'heure. Je pourrai tantôt changer, non de fortune seulement, mais aussi d'intention : C'est un contrôle de divers et muables accidents, et d'imaginations irrésolues, et quand il y échoit, contraires : soit que je sois autre moi-même, soit que je saisisse les sujets, par autres circonstances, et considérations. Tant y a que je me contredis bien à l'aventure [...][185].

En observant son « moi » *hic et nunc*, Montaigne se « représente » ainsi en « une continuelle agitation et

---

[184] *Ibid.*, p. 1256 (III, 2).
[185] *Idem*.

mutation de [s]es pensées »[186], du fait du caractère mobile, instable et inconstant de l'instant humain. Jouir de l'instant signifie donc profiter exclusivement de ce bref laps de temps qui nous relie à l'existence et qui fait que nous sommes différents d'un moment à l'autre :

> Jamais deux hommes ne jugèrent pareillement de même chose. Et est impossible de voir deux opinions semblables exactement : non seulement en divers hommes, mais en même homme, à diverses heures[187].

Et c'est ainsi que va la vie, notre être en particulier :

> Notre vie est composée, comme l'harmonie du monde, de choses contraires, aussi de divers tons, doux et âpres, aigus et plats, mols et graves [...] Notre être ne peut [ne peut exister] sans ce mélange ; et y est l'une bande [l'un des aspects] non moins nécessaire que l'autre[188].

---

[186] « De la vanité », *op. cit.*, p. 1477 (III, 9).
[187] « De l'expérience », *op. cit.*, p. 1660 (III, 13).
[188] *Ibid.*, p. 1697 (III, 13).

L'être de l'homme, « notre être », par opposition à l'être divin, est donc contradictoire, instable, pluriel, et c'est en tant que tel que nous devons l'accepter et l'assumer :

> C'est une absolue perfection, et comme divine, de savoir jouir loyalement de son être [...][189].

En jouissant de l'instant présent nous jouissons de « notre être », car dans les deux cas c'est le propre de l'homme qui se dévoile, à savoir l'inconstance :

> Il n'est aucune qualité si universelle, en cette image des choses, que la diversité et variété[190].

1.2. Le temps de tous les temps

En se peignant dans l'instant, Montaigne déclare peindre « le passage ». L'instant humain et le passage, de par leur fugacité, ne font donc qu'un. Or nous avons vu

---

[189] *Ibid.*, p. 1740 (III, 13).
[190] *Ibid.*, p. 1656 (III, 13).

que le passage et le temps étaient synonymes et que tous deux se départissent en passé et en futur[191]. De sorte que, premièrement, si l'instant humain est le passage et que le passage est le temps, alors l'instant humain est le temps ; ce qui se vérifie dans le sens où l'instant, qui « semble » fonder « l'intelligence du temps », est effectivement ce temps de notre expérience au monde et de notre existence : physiquement, c'est dans le moment présent que nous respirons, que nous pensons, que nous vivons. Le moment présent est donc le temps de la vie, ce temps qui déstabilise notre esprit :

> Nature procède ainsi, par bénéfice de l'inconstance : Car le temps, qu'elle nous a donné pour souverain médecin de nos passions, gagne son effet principalement par là, que fournissant autres et autres affaires à notre imagination, il démêle et corrompt cette première appréhension, pour forte qu'elle soit[192].

---

[191] Cf. *supra* (II. 3.1. La peinture du passage).
[192] « De la diversion », *op. cit.*, p. 1306 (III, 4).

De par son identité avec l'instant humain, le temps agit sur nous de manière quasi synchronique, en nous faisant adopter tantôt un visage, tantôt un autre, en « troublant et aveuglant à secousses notre âme, et [en] nous précipit[ant] pour l'heure, jugement et tout, en la puissance du vice »[193]. Le temps entraîne donc les variations de l'âme, il « démêle et corrompt » nos sentiments ou avis précédents :

> La force de tout conseil gît au temps : les occasions et les matières roulent et changent sans cesse[194].

L'instant humain définit le temps, cette réalité humaine qui embrasse tout sur son passage.

Secondement, si l'instant humain est ainsi le temps, et que le temps se « partit en futur et en passé »,

---

[193] « Du repentir », *op. cit.*, p. 1268 (III, 2). Rappelons que pour Montaigne « [...] l'irrésolution [lui] semble le plus commun et apparent vice de notre nature » et que « [...] le vice, n'est que dérèglement et faute de mesure ; et par conséquent, il est impossible d'y attacher la constance » (Cf. *supra*, p. 85).
[194] *Ibid.*, p. 1271 (III, 2).

alors l'instant humain se divise aussi en futur et en passé. « L'instant concentre alors toute la temporalité »[195] ; en effet, à chaque moment il n'est pas encore et dès qu'il est, il n'est plus ; avenir et passé fondent l'instant présent, en conséquence de quoi l'instant ne devrait pas être non plus, du fait de la non-existence des ses parties : l'avenir et le passé n'existent en effet que dans notre esprit. Mais Montaigne délimite le présent par cette « épaisseur » qu'il lui confère. Cette mince « épaisseur », si nous osons user de cet oxymore, en tant que relation de l'homme avec le monde, contient ainsi tous les temps, soit le présent, le passé et l'avenir : le présent car l'instant est justement le seul moment de notre présence au monde ; le passé et l'avenir car ce n'est que dans ce contact instantané avec le monde que le passé et l'avenir peuvent être pensés par l'esprit humain.

Bien que Françoise Joukovsky n'insiste pas vraiment sur cette multitemporalité de l'instant, elle confirme néanmoins cela :

---

[195] Françoise JOUKOVSKY, *op. cit.*, p. 211.

> Le passé et l'avenir n'ont de réalité que dans le bref éclair où ils sont du présent ; en tant que passé et qu'avenir, ils ne sont pas[196].

Par ailleurs, même si Françoise Joukovsky ne le mentionne pas, nous ne pouvons nous empêcher d'opérer à nouveau un rapprochement entre cette considération sur l'instant et les propos pyrrhoniens de Sextus Empiricus :

> Mais si le passé existe et le futur existe, chacun d'eux sera présent. […] Si en effet le temps passé et le temps futur existaient maintenant, chacun d'eux serait présent[197].

Le passé et le futur n'existent que par la pensée, laquelle s'exerce uniquement dans le présent ; d'où une concentration du passé et de l'avenir dans ce bref moment de contact avec le monde qui permet un éveil de la conscience et de l'esprit, et que nous nommons l'instant humain.

---

[196] *Ibid.*, p. 182.
[197] Sextus EMPIRICUS, *op. cit.*, p. 447.

La fin des *Essais* nous renverrait-elle à nouveau vers un scepticisme sous-jacent ? L'idée n'est pas à écarter, d'autant plus que cette redéfinition et acceptation de l'instant présent en tant que réalité de l'existence peut être perçue comme un revirement de pensée propre à un esprit pyrrhonien. Après avoir abouti à une suspension du jugement au sujet de l'instant humain[198], Montaigne en accepte désormais la réalité. Il lui reconnaît cette « épaisseur » qui donne sens à la vie et qui contient « toute la temporalité ».

2. La saisie du temps

Si Françoise Joukovsky remarque cette multitemporalité de l'instant, sans insister pourtant, elle déclare aussi que Montaigne « réhabilite le temps

---

[198] Cf. *supra* (II. 1.2. Au sujet du présent).

primitif qu'est le présent bien vécu, mais [qu'] il a du mal à sauver le passé et l'avenir »[199] :

> [...] il s'efforce de dissiper tout ce qui peut voiler l'instant présent : l'ombre du futur, soucis, projets à long terme, ou celle du passé, souvenir, habitudes[200].

C'est sur ce point de sa pensée que nous nous éloignons. A cette idée d'un « effort pour s'abandonner naïvement au présent, sans regards obliques vers le passé ou le futur »[201], nous opposons l'idée d'une saisie de l'instant présent certes, mais d'une saisie qui prend aussi en considération le passé et l'avenir : l'instant humain comprenant toute la temporalité, sa saisie ne peut se réaliser sans la prise en compte de toutes ses parties. Le passé et l'avenir ne sont donc pas « dissipés » ou ignorés par Montaigne ; au contraire, étant donné qu'ils composent l'instant présent, ils sont également pris en

---

[199] Françoise JOUKOVSKY, *op. cit.*, p. 237.
[200] *Ibid.*, p. 242.
[201] *Ibid.*, p. 208.

considération, ils sont acceptés et même plus, ils sont savourés :

> [...] je ne faux plus trouver où me consoler, de quelque pronostic favorable, en mon expérience passée. Me sert aussi de l'accoutumance, à mieux espérer pour l'avenir[202].

En cet âge avancé, les douleurs de la gravelle sont le quotidien de Montaigne. Mais ce dernier s'est « accoutumé » et réconcilié avec sa maladie. C'est dans ce contexte que s'insère cet extrait, dans lequel passé, présent et avenir s'entremêlent : le présent par le temps des verbes conjugués (« je ne faux », « me sert ») qui ancre l'auteur / narrateur dans le présent d'énonciation ; le passé et l'avenir par leur évocation à l'aide, respectivement, des expressions « expérience passée » et « espérer pour l'avenir ». Montaigne ne rejette ni l'avenir ni le passé : ceux-ci faisant partie du présent, Montaigne les saisit en même temps que l'instant. En même temps ? Oui, car l'instant actuel est le temps, cette concentration

---

[202] « De l'expérience », *op. cit.*, p. 1701 (III, 13).

instantanée et simultanée de tous les temps : présent, passé et futur. En vivant dans l'instant présent, le passé et le futur surgissent à tout moment.

Le passé n'est ni renié ni regretté :

> Voyez un vieillard, qui demande à Dieu qu'il lui maintienne sa santé entière et vigoureuse ; c'est-à-dire qu'il le remette en jeunesse :
>
> *Stutle quid hæc frustra votis puerilibus optas ?*
> [Insensé, pourquoi formes-tu en vain ces souhaits, en des vœux puérils ?]
>
> N'est-ce pas folie ? Sa condition ne le porte pas[203].

Bien que malade et vieux, Montaigne ne s'identifie pas à ce « vieillard » qui désire retrouver la santé de sa jeunesse. Il regarde vers son passé, sans regrets aucuns :

> J'ai outrepassé l'âge auquel des nations, non sans occasion, avaient prescrit une si juste fin à la vie, qu'elles ne permettaient point qu'on l'excédât. Si ai-je encore des

---

[203] *Ibid.*, p. 1696 (III, 13) ; citation latine d'Ovide, *Tristes*, III, 8, v. 11.

> remises [rémissions] : quoique inconstantes et courtes, si nettes, qu'il y a peu à dire [regretter] de la santé et indolence de ma jeunesse[204].

Conscient de sa fin imminente, du fait de son âge avancé, Montaigne ne se fait plus aucune illusion sur son état de santé. Il n'y a plus de place pour les regrets. La jeunesse a fait son temps et c'est à la vieillesse qu'elle a laissé la place, naturellement.

Le présent, pourtant très marqué par la maladie, n'est donc ni refusé ni dénigré. Sereinement, l'auteur accepte sa « misérable condition, comme est la nôtre »[205] ; il vit sa maladie dignement et l'accepte comme une chose naturelle de son état présent :

> On doit donner passage aux maladies : je trouve qu'elles arrêtent moins chez moi, qui les laisse faire. Et en ai perdu de celles qu'on estime plus opiniâtres et tenaces, de leur propre décadence : sans aide et sans art, et contre ses règles.

---

[204] *Ibid.*, p. 1709 (III, 13).
[205] « De la vanité », *op. cit.*, p. 1514 (III, 9).

> Laissons faire un peu à nature : elle entend mieux ses affaires que nous[206].

Montaigne, résigné à son mal, ne lutte pas contre lui, il le « laisse faire », s'abandonnant totalement au cour naturel des choses :

> Il faut souffrir doucement les lois de notre condition : Nous sommes pour vieillir, pour affaiblir, pour être malade, en dépit de toute médecine. [...]
> Il faut apprendre à souffrir, ce qu'on ne peut éviter. [...] Il [l'esprit de Montaigne] dit, que c'est pour mon mieux, que j'ai la gravelle. Que les bâtiments de mon âge, ont naturellement à souffrir quelque gouttière. Il est temps qu'ils commencent à se lâcher et démentir : C'est une commune nécessité [...][207].

Notre « humaine condition » nous achemine tous vers une fin certaine, en nous faisant inévitablement passer par des états déplaisants. Or rien ne sert de combattre ces maux ; il faut les « souffrir », les supporter, surtout lorsque ceux-ci interviennent à un âge aussi avancé que

---

[206] « De l'expérience », *op. cit.*, p. 1695 (III, 13).
[207] *Ibid.*, pp. 1696-1698 (III, 13).

celui de Montaigne. C'est pourquoi l'esprit de l'auteur, personnifié, déclare que « c'est pour [s]on mieux, qu'[il] a la gravelle ». En effet, « ce châtiment [...] n'incommode et occupe, que la saison de [s]a vie, qui ainsi comme ainsi est meshui perdue et stérile : ayant fait place à la licence et plaisirs de [s]a jeunesse, comme par composition »[208]. L'auteur n'a pas à se plaindre, car il a eu en sa jeunesse tout le temps de jouir d'une bonne santé[209]. Aujourd'hui la maladie habite son corps, mais au moins apparaît-elle au terme de sa vie, là où les « bâtiments [...] commencent à se lâcher et démentir », là où de toute façon seule la mort, cette « commune nécessité », l'attend.

L'avenir, finalement, n'est ni craint ni repoussé :

> Je serai assez à temps à sentir le mal, sans
> l'allonger par le mal de la peur. Qui craint

---

[208] « De l'expérience », *op. cit.*, p. 1699 (III, 13).
[209] *Ibid.*, p. 1702 (III, 13) : « Mes reins ont duré un âge, sans altération ». Une note de bas de page dans notre édition de travail précise que dans l'édition de 1588 des *Essais*, il y est mentionné que cette période, cette phase de sa vie a duré « quarante ans ».

> de souffrir, il souffre déjà de ce qu'il craint[210].

Montaigne se projette dans l'avenir (« je serai »), là où les douleurs de sa « colique » se feront ressentir, mais il ne craint pas ce moment, s'évitant ainsi de souffrir. De toute façon, Montaigne sait que ses souffrances physiques cesseront bientôt :

> Les maux ont leur période comme les biens : à l'aventure est cet accident à sa fin[211].

La « fin » de « cet accident », en parlant de sa maladie, signifie la fin de sa vie, inévitablement. La mort n'effraie plus Montaigne ; elle est attendue paisiblement :

> A la vérité, je reçois une principale consolation, aux pensées de ma mort, qu'elle soit des justes et naturelles : et que meshui je ne puisse en cela, requérir ni espérer de la destinée, faveur qu'illégitime. [...] Tout ce qui vient au revers du cours de nature, peut être

---

[210] *Ibid.*, p. 1706 (III, 13).
[211] *Ibid.*, p. 1702 (III, 13).

fâcheux : mais ce, qui vient selon elle, doit être toujours plaisant[212].

Etre emporté par la vieillesse est une bien belle mort ; c'est un cadeau de la nature et il faut s'en réjouir. Le mot « plaisant » clôt ce passage avec le thème du plaisir. La mort imminente de Montaigne est acceptée avec joie et son attente se trouve désormais savourée par l'auteur :

> Par ainsi, dit Platon, la mort, que les plaies ou maladies apportent, soit violente : mais celle, qui nous surprend, la vieillesse nous y conduisant, est de toutes la plus légère, et aucunement délicieuse[213].

Certes Montaigne est malade, mais son affection est tardive. C'est en la saison de la vieillesse que l'auteur s'en ira. Sa mort ne pourra qu'être un délice.

La saisie de l'instant chez Montaigne signifie donc une acceptation heureuse du passé, du présent et de

---

[212] *Ibid.*, p. 1717 (III, 13).
[213] *Ibid.*, p. 1718 (III, 13).

l'avenir, simultanément. Cette synchronie forme le moment présent, cette multitemporalité instantanée qui est le temps de l'homme. La saisie de le l'instant se confond à vrai dire avec la saisie du temps.

3. La peinture du temps

L'écriture montaignienne, de par cette vie appréciée dans le moment présent, serait donc elle aussi exercée dans l'instant. En effet, en peignant « le passage », Montaigne se peint dans l'instant, étant entendu qu'instant et passage ne font qu'un :

> De là toutefois il adviendra facilement, qu'il s'y mêle [à son livre] quelque transposition de chronologie : mes contes prenant place selon leur opportunité, non toujours selon leur âge[214].

---

[214] « De la vanité », *op. cit.*, p. 1505 (III, 9).

Le mot « opportunité » souligne bien cette spontanéité de l'écriture de l'auteur, qui « enregistre » sa pensée du moment au fil des instants. Au cours du temps, cette écriture naturelle et franche révèle inévitablement des peintures de soi différentes :

> J'ai des portraits de ma forme de vingt et cinq, et de trente-cinq ans : je les compare avec celui d'asteure : Combien de fois, ce n'est plus moi : combien est mon image présente plus éloignée de celles-là, que de celle de mon trépas[215].

La diversité et l'inconstance montaigniennes se dévoilent ainsi dans son oeuvre, lorsque l'auteur parcourt ses écrits et les « compare » avec « [s]on image présente ». Car, effectivement, nous savons que Montaigne ne se prive pas de reloger sa pensée et sa plume ici ou là, dans l'un ou l'autre de ses chapitres déjà rédigés, sans pourtant modifier ou ôter quoi que ce soit. Bien que Montaigne soit parvenu à saisir l'instant, sa navigation demeure toujours zigzagante, le passé et l'avenir faisant partie du

---

[215] « De l'expérience », *op. cit.*, p. 1718 (III, 13).

présent. Montaigne entraîne son lecteur dans le mouvement de son voyage spirituel et de sa traversée rédactionnelle :

> Il faut que j'aille de la plume comme des pieds[216].

D'où cette inévitable « transposition de chronologie » que l'on ressent à la lecture des *Essais* : tous les temps se chevauchent, en quelque sorte. Présent, passé et futur s'entremêlent : le présent par le présent de l'écriture ; le passé par l'antériorité de telle ou telle « couche »[217] par rapport à une autre ; le futur par la postériorité de telle ou telle autre « couche » par rapport à une précédente.

Chaque chapitre des *Essais* contient à vrai dire cette multitemporalité qui n'est évidemment pas sans rappeler celle de l'instant présent. Dans leur ensemble, les *Essais* pourraient finalement symboliser cette « éloise » qu'était la vie littéraire de Montaigne : un

---

[216] « De la vanité », *op. cit.*, p. 1544 (III, 9).
[217] Au sujet du terme « couche », cf. *supra*, notre introduction, note de bas de page n° 4.

éclair « dans le cours infini d'une nuit éternelle », un bref instant pourtant si intense, cristallisé à jamais par l'écriture.

Par ailleurs, notons que le passé et l'avenir s'immiscent aussi au moment même de l'écriture. En effet, bien que l'activité littéraire de Montaigne s'exerce dans l'instant présent, « l'instant vécu est un instant raconté »[218]. Sur ce point nous rejoignons donc la réflexion d'Antoine Compagnon qui observe un « instant […] perçu après coup »[219] chez Montaigne, lors de l'écriture. Certes cette observation est pertinente, car il est vrai que lorsque Montaigne « danse », « dort » ou se « promène solitairement en un beau verger », il n'est certainement pas en train d'écrire ; il vit l'instant présent, qu'il retranscrit seulement par la suite, grâce au souvenir et au revécu imaginatif de ce moment :

---

[218] Antoine COMPAGNON, *op. cit.*, p. 846.
[219] *Idem.*

> En voici quelques articles, comme la souvenance me les fournira[220].

C'est la « souvenance », et donc le passé, qui guide en quelque sorte l'écriture de ses « articles » ; sans elle, tout se dissiperait dans l'oubli. Mais il n'en demeure pas moins que l'écriture s'exerce quand même dans l'instant présent, selon nous : l'« instant vécu » est « raconté » certes, mais dans l'instant actuel. C'est aussi une forme de saisie de l'instant.

L'incursion de l'avenir dans le moment de l'écriture se situe, elle, dans l'intention de l'auteur : ce dernier destine son œuvre à « [s]es parents et amis »[221], qui la liront ultérieurement :

> J'écris mon livre à peu d'hommes, et à peu d'années[222].

Montaigne n'imagine pas une seconde que ses « petits brevets décousus »[223] sont « une matière de durée »[224] et

---

[220] « De l'expérience », *op. cit.*, p. 1681 (III, 13).
[221] Sur ce point, revoir aussi notre introduction.
[222] « De la vanité », *op. cit.*, p. 1532 (III, 9).

qu'ils acquerront l'importance philosophique, littéraire et culturelle que nous leur connaissons aujourd'hui, quatre siècles plus tard. Néanmoins, même pour le « peu d'années » d'espérance de vie qu'il donne à ses *Essais*, Montaigne désire quand même laisser une trace de soi à ses destinataires, qui pourront le « voi[r] en [s]a façon simple, naturelle et ordinaire, sans étude et artifice »[225]. Il « forge [une mémoire] de papier »[226] non seulement pour remédier aux défaillances de la sienne[227], mais aussi pour perpétuer son souvenir, plus ou moins longtemps, selon que le dira l'avenir.

Le passage signifiant le temps, c'est donc le temps que peint Montaigne en se peignant dans l'instant ; car le temps de l'homme, nous l'avons vu, est à vrai dire l'instant présent. En saisissant l'instant et en peignant

---

[223] « De l'expérience », *op. cit.*, p. 1701 (III, 13).
[224] « De la vanité », *op. cit.*, p. 1532 (III, 13).
[225] « Au Lecteur », *op. cit.* p. 53.
[226] « De l'expérience », *op. cit.*, p. 1701 (III, 13).
[227] « De la vanité ». *op. cit.* p. 1502 (III, 9) : « Ma mémoire s'empire cruellement tous les jours ».

ainsi le passage, Montaigne peint le temps, c'est-à-dire le présent, mais aussi le passé et l'avenir, qui le constituent.

Conclusion

Finalement, le va-et-vient temporel dont nous parlions en début de ce travail, n'est pas abandonné. Montaigne parvient à saisir l'instant présent, mais continue de voguer de passé en avenir. Comme pour les « écrits » d'Héraclite, les *Essais* requièrent « un lecteur bon nageur » [228], tant la pensée et l'écriture montaigniennes sont « coulantes » et « flottantes ». Montaigne fait toujours voyager son lecteur au gré de ses ballottements, de-ci de-là, dans un mouvement oscillatoire sans fin. Nous sommes emmenés avec lui au fil de ses digressions et contradictions, de ses souvenirs et prévisions, de son allure et style « versatiles ». Tout bouge dans les *Essais*, même la langue française, qui n'est pas encore fixée :

---

[228] « De l'expérience », *op. cit.*, p. 1661 (III, 13).

> Si c'eût été une matière de durée [en parlant de son livre], il l'eût fallu commettre à un langage plus ferme : Selon la variation continuelle, qui a suivi le nôtre jusques à cette heure, qui peut espérer que sa forme présente soit en usage, d'ici à cinquante ans ?[229].

Montaigne et les *Essais* trouvent ainsi leur « forme maîtresse »[230] dans la « variation continuelle ». Mais cette inconstance est désormais différente : elle n'a plus rien à voir avec cette instabilité vertigineuse qui précipitait Montaigne dans l'angoisse. Par la saisie de l'instant, le passé et l'avenir sont maintenant acceptés en toute sérénité. Il s'agit à présent de jouir de chaque moment de la vie et de consentir à toute intrusion du passé et de l'avenir, sans crainte aucune :

> Combien lui vaut d'être logée en tel point, que où qu'elle jette sa vue, le ciel est calme autour d'elle [en parlant de son âme] : nul désir, nulle crainte ou doute, qui lui trouble l'air : aucune difficulté passée, présente, future, par-dessus

---

[229] « De la vanité », *op. cit.*, p. 1532 (III, 9).
[230] « Du repentir », *op. cit.*, p. 1266 (III, 2).

> laquelle son imagination ne passe sans offense[231].

L'angoisse a totalement disparu, laissant la place à la joie et au bonheur de vivre :

> Pour moi donc, j'aime la vie, et la cultive […][232].

Ainsi, Montaigne atteint l'ataraxie, cet état de quiétude spirituelle. La plupart des critiques y voient là une philosophie de l'épicurisme, mais peut-être s'agit-il tout simplement du résultat final de sa pensée sceptique, le but du pyrrhonisme étant l'apaisement, la tranquillité de l'âme.

Remarquons pour finir que si la joie se manifeste chez Montaigne à la fin de ses *Essais*, c'est surtout parce qu'il prend conscience de l'importance du bon usage du temps de la vie:

---

[231] « De l'expérience », *op. cit.*, p. 1743 (III, 13).
[232] *Ibid.*, p. 1735 (III, 13).

> Ménageons le temps, encore nous en reste-t-il beaucoup d'oisif, et mal employé[233].

Montaigne désire « par la vigueur de l'usage, compenser la hâtiveté de [l']écoulement »[234] de sa vie. « A mesure que la possession du vivre est plus courte, il me la faut rendre plus profonde, et plus pleine »[235], poursuit-il. Et de prendre Socrate pour exemple :

> Ni chose plus remarquable en Socrates, que ce que tout vieil, il trouve le temps de se faire instruire à baller [danser], et jouer des instruments : et le tient pour bien employé[236].

Bien « employer » son temps devient essentiel pour l'auteur et c'est sur cette note qu'il termine ses *Essais* :

> *Frui paratis et valido mihi,*
> *Latoe dones, et precor integra*
> *Cum mente, nec turpem senectam*
> *Degere, nec Cythara carentem.*

---

[233] *Ibid.*, p. 1739 (III, 13).
[234] *Ibid.*, p. 1733 (III, 13).
[235] *Idem.*
[236] *Ibid.*, p. 1730 (III, 13).

> [Accorde-moi, Latonien, de jouir en bonne santé de ce que j'ai acquis, et, je t'en prie, avec tout mon esprit, et que je ne passe pas une vieillesse honteuse et privée de ma cythare.][237].

Le mot « cythara » renvoie à l'exemple du fameux philosophe grec, qui en sa vieillesse apprenait encore à « jouer des instruments », tenant ainsi son temps « pour bien employé ». Le bon usage du temps se confond ainsi avec la saisie du temps. Prendre le temps, c'est l'employer au mieux, dans le moment présent.

Mais le final des *Essais* renvoie aussi à son début, à savoir l'avis « Au Lecteur », où nous lisons :

> Ainsi, Lecteur, je suis moi-même la matière de mon livre : ce n'est pas raison que tu emploies ton loisir en un sujet si frivole et si vain[238].

---

[237] *Ibid.*, p. 1740 (III, 13) ; vers latins d'Horace, *Odes*, I, 31, v.17-20.
[238] « Au Lecteur », *op. cit.*, p. 53.

Modestement ou pas[239], l'auteur invite son lecteur à ne pas perdre son temps en la lecture de ce « livre ». Le thème de l'usage du temps (« tu emploies ton loisir ») est ainsi évoqué « dès l'entrée » de l'œuvre, pour se retrouver à nouveau à la toute fin de celle-ci. La boucle est bouclée.

En fin de compte, dans les *Essais*, tout n'est peut-être qu'une question de temps...

---

[239] On pourrait voir ici un procédé de *captatio benevolentiae*.

Bibliographie

Éditions des "Essais"

Michel de MONTAIGNE, *Les Essais*, éd. J. Céard, Paris : Le Livre de Poche, « La Pochothèque », 2001.

Michel de MONTAIGNE, *Les Essais*, Paris : PUF, 1965.

Bibliographies

Pierre BONNET, *Bibliographie méthodique et analytique des ouvrages et documents relatifs à Montaigne : jusqu'à 1975*, Genève, Paris : Slatkine, 1983.

H. Peter CLIVE, *Bibliographie annotée des ouvrages relatifs à Montaigne, publiés entre 1976 et 1985. Avec un Complément de la Bibliographie de Pierre Bonnet*, Paris : Librairie Honoré Champion, 1990.

Otto KLAPP, Astrid KLAPP-LEHRMANN (dir.), Bibliographie der französischen Literaturwissenschaft / Bibliographie d'histoire littéraire française, Frankfurt am Main : Klostermann, 1960→.

Ouvrages

Jean-Michel ADAM, *La linguistique textuelle, Introduction à l'analyse textuelle des discours*, Paris : Armand Colin, 2005.

Saint AUGUSTIN, *Les Confessions*, Paris : Gallimard, 1998.

Hervé BARREAU, *Le temps*, Paris : PUF, Que sais-je ?, 2005 [1996].

Yvonne BELLENGER, *Dix études sur le XVIème et le XVIIème siècle*, Paris : Librairie Nizet, 1982.

Yvonne BELLENGER, *Montaigne. Une fête pour l'esprit*, Paris : Balland, 1988.

Frédéric BRAHAMI, *Le scepticisme de Montaigne*, Paris : PUF, 1997.

Frédéric BRAHAMI, *Le travail du scepticisme, Montaigne, Bayle, Hume*, Paris : PUF, 2001.

Antoine COMPAGNON, *Nous, Michel de Montaigne*, Paris : Seuil, 1980.

Marcel CONCHE, *Montaigne et la philosophie*, Paris : Editions de Mégare, 1987.

Ernst Robert CURTIUS, *La Littérature européenne et le Moyen Âge latin*, traduit par Jean Bréjoux, Paris : Presses Universitaires de France, « Presse Pocket », 1956.

Gérard DEFAUX, *Marot, Rabelais, Montaigne : l'écriture comme présence*, Paris-Genève : Champion-Slatkine, 1987.

Paul DESALMAND, La *recherche du bonheur chez Montaigne, Pascal, Voltaire, Rousseau*, Paris : Pierre Bordas et fils, 1988.

Sextus EMPIRICUS, *Esquisses pyrrhoniennes*, Paris : Editions du Seuil, Collection Points, 1997.

Hugo FRIEDRICH, *Montaigne*, traduit de l'allemand par Robert Rovini, Paris : Gallimard, 1968.

Gérard GENETTE, *Figures III*, Paris : Seuil, 1972.

Floyd GRAY, *La balance de Montaigne : exagium / essai*, Paris : A.G.Nizet, 1982.

Jean GUITTON, *Justification du temps*, Paris : PUF, Initiation philosophique, 1966 [1941].

Jean GUITTON, *Le temps et l'éternité chez Plotin et Saint Augustin*, Paris : Vrin, 1971 [1933].

Jean GUITTON, *L'existence temporelle*, Paris : Aubier-Montaigne, 1949.

Michel JEANNERET, *Perpetuum mobile, Métamorphoses des corps et des œuvres de Vinci à Montaigne*, Paris : Editions Macula, collection Argô, 1997.

Françoise JOUKOVSKY, *Montaigne et le problème du temps*, Paris : Nizet, 1972.

Philippe LEJEUNE, *L'autobiographie en France*, Paris : Librairie Armand Colin, 1971.

Paul MATHIAS, *Montaigne*, Paris : Vrin, 2006.

Richard H. POPKIN, *Histoire du scepticisme d'Erasme à Spinoza*, Paris : PUF, 1995.

Georges POULET, *Etudes sur le temps humain I,* Paris : Plon et Editions Du Rocher, 1952.

Paul RICOEUR, *Temps et récit*, Paris : Seuil, L'ordre philosophique, 1983-1985, 3 vol.

Jean STAROBINSKY, *Montaigne en mouvement*, Paris : Gallimard, 1993.

Pierre STATIUS, *Le réel et la joie, Essai sur l'œuvre de Montaigne*, Paris : Editions Kimé, 1997.

Albert THIBAUDET, *Montaigne*, Paris : Gallimard, 1963.

Hubert VINCENT, *Vérité du scepticisme chez Montaigne*, Paris : L'Harmattan, 1998.

Harald WEINRICH, *Le temps*, Paris : Seuil, Poétique, 1973.

Articles

Richard A. SAYCE, « Montaigne et la peinture du passage », *Saggi e ricerche di letteratura francese*, IV, Torino : Bottega d'Erasmo, 1963, pp. 11-59.

Yvonne BELLENGER, « Le thème de la vieillesse dans le livre III des *Essais* », in Françoise Argod-Dutard (édit.), *Des signes au sens : lectures du livre III des Essais*, Paris : Honoré Champion Editeur, 2003, pp. 201-215.

Claude BLUM, « L'être et le néant. Les Essais, voyage au bout de la métaphysique », in Claude Blum (dir.), *Montaigne, Penseur et philosophe (1588-1988), Actes du congrès de littérature française tenu en ouverture à l'année de la francophonie*, Paris : Librairie Honoré Champion, 1990, pp. 129-139.

Antoine COMPAGNON, « L'écriture de l'instant dans les "Essais" », in *Montaigne. 1588-1998, Revue d'Histoire Littéraire de la France*, LXXXVIII, 5, septembre-octobre 1998.

Marcel CONCHE, « Le Temps dans les Essais », *Bulletin de la Société des Amis de Montaigne*, n° 25-26, 1978, pp. 11-28.

Marie-Madeleine DE LA GARANDERIE, « La méditation philosophique sur le temps au XVIème siècle : Budé, Montaigne », in Yvonne Bellenger (dir.), *Le temps et la durée dans la littérature au Moyen âge et à la Renaissance*, Colloque, Paris : Nizet, 1986, pp. 193-209.

Odette DE MOURGUES, « Passé, présent, futur dans les *Essais* », *Montaigne in Cambridge, Proceedings of the Cambridge Montaigne collquium 7-8 april 1998*, Philip Ford, Gillian Jondorf (éd.), Cambridge : Cambridge French Colloquia, 1989.

Philippe DESAN, « Montaigne et la peinture du "Passage" », in *Passage du temps, ordre de la transition*, Etudes réunies par Jean Bessière, Paris : PUF, 1985.

Henry HORNIK, « Time and periodization in French Renaissance literature : Rabelais and Montaigne », in Franco Simone (dir.), *Studi francesi*, XIII, n° 39, Societa Editrice Internazionale, 1969, pp. 477-481.

Daniel MÉNAGER, « Montaigne et la question du commencement », *Bulletin de la société des amis de Montaigne*, n° 29-30, 2003, pp. 11-21.

Dictionnaires et ouvrages de référence

Jean-Pierre DE BEAUMARCHAIS, Daniel COUTY, *Dictionnaire des œuvres littéraires de langue française*, Paris : Bordas, 1994.

Dictionnaire de la philosophie, Encyclopaedia Universalis, Paris : Albin Michel, 2000.

Dictionnaire encyclopédique de la littérature française, Paris : V. Bompiani et Editions Robert Laffont, 1997.

Dictionnaire des lettres françaises, Le seizième siècle, Monseigneur Georges GRENTE (dir.), Paris : Arthème Fayard, 1951.

De la littérature française, Denis HOLLIER (dir.), Paris : Bordas, 1993.

Frank LESTRINGANT, Josiane RIEU, Alexandre TARRÊTE, *Littérature française du XVIème siècle*, Paris : PUF, 2000.

Tous mes remerciements à

Mes parents Halil et Xufe
Mon épouse Ardiana et mon fils Aaron
Mes sœurs Sylvie et Mélinda
Mon ami Yann Guerchanik
Mon professeur et ami Michel Roulin
M. Frédéric Tinguely et M. Adrien Paschoud

O misero frater adempte mihi !
Omnia tecum una perierunt gaudia nostra,
Quæ tuus in vita dulcis alebat amor.
Tu mea, tu moriens fregisti commoda frater,
Tecum una tota est nostra sepulta anima,
Cuius ego interitu tota de mente fugaui
Hæc studia, atque omnes delicias animi.

Alloquar ? audiero nunquam tua verba loquentem ?
Nunquam ego te vita frater amabilior,
Aspiciam posthac ? at certe semper amabo.

Catulle, LXVIII, 20-26 & LXV, 9-11.

St-Maurice, le 20 avril 2008

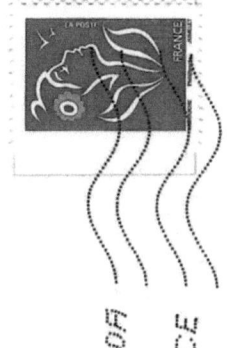

Monsieur et Familles
Albert AMHETI
Av. du Simplon 41
CH - 1890 St- Maurice
Suisse

24243 D
Tour Historique de Montaigne - Dordogne France.
La Tour, ancien châtelet du XIVe siècle,
vue de l'intérieur de la Cour d'Honneur.

Éditions Michel MARCOU - Tél. 05 46 23 04 41 - Fax 05 46 23 07
17200 Saint-Sulpice-de-Royan - Concept Drouot Bataillé
Reproduction interdite

18.07.08

En promenade dans le temps prospectif
et rétrospectif, je reste suspendu au
va-et-vient des heures. Le temps
semidouble à contempler la vieille
tour où Michel de la Montagne
écrivit ses "Essais" et je trouve
le temps de te redire mon
bravo et mon amitié...
Avec mon meilleur bonjour
à toi, à ton épouse, à votre Aaron
et à tes parents.
Très amicalement, Michel des Emonets

*À l'occasion de l'édition
de mon mémoire
sous la forme de ce livre,
je tiens à remercier tendrement
mes trois enfants :*

Aaron, Aliona et Léonard.